POUR EN FINIR
AVEC L'ÉCOLE SACRIFIÉE

Benoit Séguin

POUR EN FINIR AVEC L'ÉCOLE SACRIFIÉE

Boréal

Les Éditions du Boréal sont inscrites au Programme
de subvention du Conseil des Arts du Canada
et reçoivent l'appui de la SODEC.

Conception : Gianni Caccia

© Les Éditions du Boréal
Dépôt légal : 2e trimestre 1996
Bibliothèque nationale du Québec

Diffusion au Canada : Dimedia
Distribution et diffusion en Europe : Les Éditions du Seuil

Données de catalogage avant publication (Canada)

Séguin, Benoit, 1966-

    Pour en finir avec l'école sacrifiée

    (Collection Pour en finir avec)

    ISBN 2-89052-766-2

    1. Enseignement secondaire – Québec (Province). 2.
Écoles secondaires – Québec (Province). I. Titre. II.
Collection.

LA416.S43 1996   373.714   C96-940187-6

Ce livre est dédié à Louise Boulianne et à Pierre Séguin, mes tout premiers instituteurs.

Avant-propos

À trente ans, me voilà déjà prof *drop-out*. Pendant plus de cinq ans, j'ai enseigné le français au niveau secondaire, au secteur privé comme au secteur public, et j'en ressors suffisamment amoché pour rendre les armes et réorienter tous mes plans de carrière. J'ai trop peur de ressembler un jour à ces épouvantails à moineaux qui battent la mesure dans les écoles du Québec.

Mais entendons-nous bien : ce livre n'est pas un larmoyant constat d'échec. Au contraire, j'estime avoir réussi ce que j'ai entrepris avec mes élèves – et mieux encore que dans mes rêves les plus fous. Leurs témoignages de reconnaissance constituent d'ailleurs la seule justification valable de cette entreprise pamphlétaire. C'est plutôt le diagnostic de la faillite d'un système tout entier que je me propose ici d'établir.

Je ne saurais pour autant me prétendre un réformateur : après tout, je ne suis qu'un simple ex-prof qui y a cru, qui s'est défoncé, qui a « mis son siège en jeu »… et qui se contente maintenant de réfléchir tout haut sur les splendeurs et misères de son ex-carrière.

Après cinq ans seulement, j'ai la langue à terre. Pour arriver à mes fins, il m'a fallu lutter contre tout : le ministère, les programmes, plusieurs collègues, certains supérieurs, quelques élèves, des poignées de parents et, curieusement, contre moi-même aussi. Car je suis entré dans l'enseignement comme autrefois on entrait en religion : par vocation. Don Quichotte sur Rossinante, rien de moins. Transmettre la culture, la rigueur, l'ouverture d'esprit, la conscience sociale, la tolérance, la réflexion… mais que de moulins !

LE MILIEU DE VIE

1

La discipline : talon d'Achille du secteur public

La plupart de nos institutions d'enseignement secondaires ont déjà entrepris de modifier sérieusement leurs règlements. Il faudra poursuivre cet effort pour instaurer une discipline souple [...]. La discipline risque toujours de tomber dans un certain caporalisme[1].

Rapport Parent, 1963

Absurde ! Dans l'ABC de l'enseignement, la discipline est indiscutablement la lettre A : pas de discipline, pas de salut. Dans le secteur public, elle est nettement déficiente. Or, pour comprendre l'origine de la débandade dont est aujourd'hui victime l'école secondaire québécoise, il faut se rappeler le contexte euphorique des années soixante, et surtout le rapport Parent. Cette débandade, j'en ai fait les frais, comme la plupart des profs de la province.

À mes débuts dans l'enseignement, il y a six ans, je manquais de confiance en moi. Conséquemment, je faisais montre de peu de fermeté en classe : jamais de poing sur la table, aucune formule toute faite pour rappeler les brebis égarées, etc. Au contraire, il y avait beaucoup de portes ouvertes, beaucoup de respect du « jeune » et de ses droits inaliénables, beaucoup d'ouvertures à l'altérité et à la contestation… bref, beaucoup de sincérité angélique mais très peu de distance entre le *performer* et les spectateurs, sous prétexte qu'il fallait créer un climat de travail détendu, dans un esprit fraternel de tolérance. Le prof *cool,* quoi, qui s'inspirait des conclusions du rapport Parent : « [La discipline] ne doit ni gêner l'initiative des étudiants ni leur enlever l'occasion d'exercer leur propre sens de la responsabilité. Évitant de couler tout le monde dans un même moule, elle doit respecter les personnalités[2]. »

Bullshit.

Ç'a marché les premiers jours. La lune de miel. Après, j'ai rampé devant mes élèves jusqu'à la fin de l'année, tout en faisant comme si c'était voulu, planifié, étudié… Il fallait sauver la face, point. L'erreur avait été commise, et c'était irréversible.

Ensuite, mon approche en classe a évolué.

Ma perception du rôle de prof a également changé. J'ai compris entre autres choses qu'une certaine distance doit toujours séparer le prof de ses élèves ; même si le prof peut combler cette distance entre le premier et le dernier jour d'une année scolaire, cette distance doit obligatoirement faire partie intégrante du milieu de vie. Or, selon moi, cette distance s'instaure au moyen de trois codes fondamentaux qui conditionnent tous les autres codes, et que l'on a évacués – à tort – à l'époque de la démocratisation de l'enseignement : le code vestimentaire, le code langagier et le code d'éthique. Ou si vous préférez, l'image, la parole et l'attitude.

L'éthique

Éthique : « Science des mœurs et de la morale. » C'est-à-dire le code de vie. Permettez-moi de l'appeler tout simplement l'attitude.

Évidemment, il ne sera question ici ni des profs ni des directeurs. Eux respectent le code d'éthique par obligation. Il sera plutôt question de certains élèves marginaux du secteur public que j'appelle les « désabusés chroniques » : ceux qu'on laisse paître, à l'école, dans un vide éthique total.

Je suis pleinement conscient que le problème de l'éthique à l'école secondaire ne se limite pas à la présence de ces désabusés : néanmoins, il me semble que la plupart des autres problèmes y sont directement assujettis. Voilà pourquoi j'ai choisi de traiter ici de l'étonnante permissivité dont nos écoles secondaires font preuve à l'égard de certains désabusés chroniques.

Avant d'entamer cette réflexion, il convient de souligner que, dans le secteur public, à quelques exceptions près, le code d'éthique n'est qu'un vœu pieux que les élèves contournent au gré de leur fantaisie, et cela parce que les commissions scolaires ont rarement le courage politique de mettre des élèves à la porte… et aussi parce qu'on attend toujours, trente ans après le rapport Parent, l'apparition miraculeuse de l'école providentielle où les élèves seront tellement heureux qu'ils ne penseront même pas à causer du désordre : « Que l'école assure l'ordre nécessaire au travail intellectuel et que son enseignement soit assez substantiel, assez dynamique et assez souple pour plonger l'étudiant avec intérêt dans des travaux sérieux, le problème de la discipline sera alors réduit de beaucoup[3]. »

À quand le prochain départ de la navette scolaire pour la constellation d'Orion ?

Le carré de sable des désabusés chroniques

Tout enfant qui est résident du Québec doit fréquenter une école à compter du premier jour du calendrier scolaire de l'année scolaire suivant celle où il a atteint l'âge de 6 ans jusqu'au dernier jour du calendrier scolaire de l'année scolaire au cours de laquelle il atteint l'âge de 16 ans[4] […].

Loi sur l'instruction publique

Je ne suis pas d'accord. L'interprétation de « démocratisation de l'enseignement » à la faveur « d'école obligatoire jusqu'à seize ans » est à mon sens une erreur. Car démocratisation signifie *possibilité* d'aller à l'école gratuitement jusqu'à la fin du secondaire, non pas *obligation*. Je ne vois pas pourquoi on devrait obliger tous les jeunes de moins de seize ans à fréquenter l'école. Les inciter – très fortement –, oui ; mais les forcer par une loi ?

Il serait évidemment préférable que les jeunes aillent tous à l'école. Personne ne prétendra le contraire. Pourtant, quand j'entends dire qu'ils doivent tous y aller *quel qu'en soit le prix,* je décroche. C'est faire naïvement abstraction du fait constaté et éprouvé que *les jeunes ne sont pas tous capables de fonctionner dans un cadre scolaire ordinaire,* pour mille et une raisons.

Hélas, je sais que je ne ferai jamais changer d'avis les partisans de l'école obligatoire : les égalitaristes et autres défenseurs de la veuve et de l'orphelin seront toujours convaincus que l'école sied à tout le monde. Ils ne savent pas de quoi ils parlent, mais puisqu'ils sont majoritaires et qu'ils nous gouvernent, aussi bien me résigner à demander aux autorités du milieu scolaire le strict minimum : de grâce, cessez donc de tolérer n'importe quel abus de la part des élèves, et servez-vous donc un peu plus souvent de l'article 242 de la Loi sur l'instruction publique, qui dit ceci : « La commission scolaire peut, à la demande d'un directeur d'école, pour une cause juste et suffisante et après avoir donné à l'élève et à ses parents l'occasion d'être entendus, inscrire un élève dans une autre école ou l'expulser de ses écoles[5] [...]. »

À cause de l'inertie de certains dirigeants, nos écoles sont aujourd'hui infestées de désabusés chroniques qui font chanter à peu près tout ce qui s'appelle autorité. Ou serait-ce parce que les causes « justes et suffisantes » n'existent pas dans une société dite « tolérante » ? (Je serais curieux de savoir, par exemple, si les agressions sauvages dont a été victime une jeune élève de Laval, l'an dernier, sont considérées comme des causes « justes et suffisantes » permettant d'expulser les agresseurs...)

Qu'on me comprenne bien : il n'est nullement question pour moi d'exclure du système les élèves qui éprouvent des difficultés d'apprentissage, ou les petits bums de pacotille. Désabusement chronique signifie à mon sens je-m'en-foutisme *total,* non révolte occasionnelle. Ça signifie aussi vente de drogue, pas nécessairement consommation ; prostitution et proxénétisme, non *lichage* de corridor ; agressions sauvages et répétées, non pas élèves turbulents ; et surtout incapacité *totale* de se conformer aux règlements, non hyperactivité verbo-motrice. Or l'erreur est de mettre tous les élèves – de bonne foi ou de mauvaise foi – dans le même panier, et de les protéger indistinctement sous prétexte que chacun a des droits inaliénables.

Nous voilà donc moralement obligés de tolérer l'absence d'éthique des désabusés chroniques à l'école et d'assister impuissants à la montée de leur influence auprès de leurs pairs. Dans certaines écoles, à cause d'une attitude permissive dont l'origine remonte aux années soixante, les mœurs et la morale sont dictées à l'ensemble par un noyau de jeunes barbares. Je ne prétends nullement que, en l'absence de ces derniers, les autres élèves se mettraient miraculeusement à danser la java dans les corridors et à chanter du Charles Trenet ; tout ce que je dis, c'est qu'il y a une morosité épouvantable au secondaire que je n'explique pas autrement. Dans plusieurs écoles, les élèves de bonne foi se sentent moins chez eux que certains désabusés chroniques.

Il est clair que les autorités du milieu scolaire se sont donné le mandat de garder ces désabusés à l'école le plus longtemps possible afin de créer l'illusion que la lutte au décrochage donne des résultats. En faisant cela, on noie l'essentiel et on crée une attitude de rejet de l'école. Et en fin de compte, on l'assassine.

Une école ne peut former ses élèves tant que la mauvaise foi imprègne ses murs ; or les désabusés chroniques y font la pluie et le beau temps et sont en partie responsables de l'épidémie de mauvaise foi qui contamine la masse. Qui plus est, ils se détruisent eux-mêmes à force de vouloir détruire leur environnement scolaire.

L'école secondaire québécoise est un pitoyable échec, et pour ce qui est de la discipline cela vient de ce que les élèves ne croient plus à l'école ; ils n'y croient plus parce que ça manque de sérieux ; ça manque de sérieux parce qu'il n'y a aucun code d'éthique ; et il n'y a aucun code d'éthique parce que, surprotégés par des lois, certains élèves se permettent n'importe quelle bêtise. Voilà pourquoi il faut cesser d'avoir peur d'exclure certains désabusés chroniques du réseau régulier : un peu de courage politique, messieurs dames des commissions scolaires. Il y a un gros ménage à faire. Et tant qu'il ne sera pas fait, il est complètement vain de parler d'éthique à l'école secondaire.

Au risque de passer pour un méchant fasciste-élitiste-au-discours-exclusif, je vous dirai que les désabusés chroniques n'ont tout simplement pas leur place dans le réseau scolaire régulier, et qu'il faut s'occuper au plus sacrant de les diriger *ailleurs*. Le problème, c'est qu'on les tolère trop longtemps et qu'ils entraînent à leur suite des hordes de moutons qui, souvent, décrochent uniquement pour les imiter. Ce qu'il faut faire, c'est forcer les désabusés à s'assumer en tant que vrais rebelles. Ne sont-ils pas les premiers à prétendre l'être, après tout ? Voilà leur véritable droit inaliénable. Personnellement, je n'ai rien contre les rebelles. J'en suis moi-même un, et j'ai appris à mes dépens que celui qui veut se marginaliser doit aussi apprendre à en assumer les conséquences. Or c'est à l'école que revient le devoir de provoquer chez ces rebelles la grande prise de conscience. Et comment ? En les excluant du réseau régulier, tout simplement, et en les redirigeant ailleurs. Mais pour ça, il faut leur proposer des avenues valables, et c'est précisément là que se trouvent les plus grands défis de l'école de demain.

Déjà, certains dirigeants ont fait preuve d'un grand courage politique dans ce dossier : ils ont agi au lieu de fermer les yeux au nom de la « tolérance ». À la commission scolaire La Neigette (Rimouski), par exemple, on semble avoir trouvé la solution : une école expérimentale nommée Le Grand Défi, à huit kilomètres de la polyvalente régionale et loin de tous les grands centres. Dans un reportage de *L'actualité*, le codirecteur Gilles Dumas explique : « Loin des "tentations" de la ville et de l'anonymat des polyvalentes, on reçoit des raccrocheurs, des délinquants et quelques élèves incapables de fonctionner dans la grosse boîte que reste malgré tout la polyvalente[6]. » Mais n'entre pas qui veut à l'école Le Grand Défi : « Quand un élève vient nous rencontrer, c'est comme s'il cherchait une job. Il doit nous dire pourquoi il veut venir ici, nous convaincre de l'accepter et se plier aux règles de l'école[7]. » Résultat ? « Les élèves [de l'école Le Grand Défi], qui n'avaient que peu de chances de finir leur secondaire, affichent le même taux de diplomation que ceux de la polyvalente[8]. »

Hélas, des initiatives comme celle-là restent marginales au Québec : trop de commissions scolaires tolèrent toujours les manquements les plus graves à la discipline de base et au respect d'autrui, et hésitent à s'occuper réellement des cas lourds.

L'avenir de l'école secondaire va se jouer autour des priorités que l'on retiendra au cours des prochaines années : priorité à l'ensemble des élèves avec qui il est encore possible de bâtir une vraie école, ou priorité à une clique de désabusés chroniques qui ne veulent décidément rien savoir du chemin conventionnel, et qui font tout pour le miner. Bref, l'école ou le carré de sable.

Mais voici mon véritable argument : l'école n'est-elle pas essentiellement un lieu où l'on devrait pouvoir rêver d'un monde meilleur – ou, disons, un peu moins dégueulasse ? Au nom des élèves, je revendique ici le droit inaliénable au rêve : je le revendique en souvenir de l'élève naïf que j'ai été autrefois, qui s'enflammait et se révoltait devant les injustices pour ensuite aller se rassurer en contemplant les arbres devant les fenêtres de la salle d'étude, et en rêvant à ce monde « un peu moins dégueulasse ». Aujourd'hui, j'aime le souvenir de cet élève naïf, et c'est à lui que je dois d'être devenu un bon prof. Et je n'aime pas qu'on ridiculise le rêve adolescent en tolérant que certains désabusés chroniques le sabotent quotidiennement. Car c'est à l'adolescence qu'on décide si le monde est pourri ou non ; et si on décide qu'il est pourri – là-dessus, je compte sur la lucidité des jeunes –, c'est à ce moment-là qu'on choisit de combattre ou de se laisser moisir dedans. C'est donc là qu'on campe sa priorité : priorité donnée au rêve, ou priorité donnée à la destruction du rêve…

Je ne vous apprendrai rien en vous disant que le propre de la jeunesse est de rêver ; mais pour rêver, encore faut-il un minimum de bonne foi et de capacité d'émerveillement. Voilà ce que je ne trouve absolument pas chez les désabusés chroniques de nos écoles : ils ne croient plus en rien. Ils se moquent du rêve adolescent, et ils empoisonnent celui des autres.

Dans le milieu scolaire, tout le monde connaît ces désabusés, et beaucoup souhaiteraient les voir redirigés ailleurs. Mais le plus souvent, on se la ferme. La loi du silence est reine, car parler des vrais problèmes et essayer de les résoudre, ça signifie également *confirmer* leur existence. Voilà. Vous avez compris où je veux en venir : l'école secondaire québécoise est embourbée dans une image de fausseté. Elle préfère une image fausse à un rêve qui pourrait être vrai.

Les désabusés de nos écoles présentent à mon avis des risques de contamination beaucoup trop élevés pour qu'on continue de les y tolérer. Pour leur bien comme pour celui de l'ensemble des élèves, il faudra donc les « trier » – aussi périlleux que puisse paraître cet exercice – et s'occuper de les diriger ailleurs. Les statistiques et la morosité générale confirment qu'il y a là un problème urgent à régler. Où les enverra-t-on ? Que fera-t-on d'eux ?

Que leur proposerons-nous ? Il y a plein de gens compétents, comme ceux de la commission scolaire La Neigette, qui sont prêts à répondre à ces questions. Tout ce que je souhaite, c'est qu'un débat de fond sur la place des désabusés chroniques dans le réseau régulier puisse enfin émerger.

Assurément, on doit essayer de leur redonner le rêve que le destin leur a ravi. Après tout, ils sont des adolescents eux aussi. Il faut s'occuper de déterrer leurs vrais trésors : *ça urge*. À seize ans, tout est encore possible. Mais si on attend trop… je ne réponds de rien.

La garderie des tout-petits

[Traditionnellement], on a évité le problème de la diversification du secondaire en créant un cours général dont les classes ressemblent trop souvent à une garderie[9] […].

Rapport Parent, 1963

Ai-je le droit de m'asseoir n'importe comment ? Ai-je le droit de ne pas écouter ? Ai-je le droit de riposter à un prof ou à un directeur ? Ai-je le droit de ne pas faire mes devoirs ? Ai-je le droit de sécher des cours ? Ai-je le droit de manquer l'école cinquante jours par année ? Ai-je le droit de me satisfaire de la note de passage ? Ai-je le droit de mépriser mon intelligence et mes talents ?

Le secteur public permet à l'élève de se poser toutes sortes de questions de ce genre – et je dirais même, de s'y complaire. Les directions d'écoles sont hélas obligées de composer avec cette attitude et de faire preuve d'élasticité dans leur application du principe de la « tolérance ». Nous faisons face, encore une fois, à la glorification des droits à sens unique. *In* les droits, *out* les devoirs.

En période de médiocrité galopante, le problème de l'école est sa tendance à *s'adapter* aux modes plutôt qu'à les combattre. L'école est hélas devenue un lieu perméable à ces modes, changements, courants et attitudes : *c'est une erreur.* L'école devrait plutôt être un lieu symbolisant une certaine forme de permanence. L'école devrait être rien de moins qu'un rempart contre les bourrasques de l'histoire. À mon sens, l'erreur a été, il y a trente ans, de confondre *évolution* et *révolution.* L'évolution est une marche *très lente* vers une meilleure compréhension des choses, vers un mieux-être, vers un humanisme plus affiné, alors que la révolution implique un renversement brutal. Or l'école relève d'un concept évolutif qui n'a rien à voir avec ces soubresauts de l'histoire qu'on appelle révolutions. En clair, ça veut dire que l'école secondaire québécoise a eu tort d'embrasser les diktats de la Révolution tranquille en matière d'éthique et de discipline il y a trente ans, à l'époque où l'on se gargarisait d'inepties comme celle-ci : « Dans une école où l'étudiant se trouve dans un cours qui lui convient, sous la direction de maîtres compétents et compréhensifs, la discipline, sauf dans des cas exceptionnels, ne constitue pas un problème. Le travail intellectuel est lui-même un facteur de discipline personnelle[10]. »

Oh yeah ? À l'école secondaire ? Le travail intellectuel, un facteur de discipline personnelle ? Pincez-moi, quelqu'un ! Chers idéologues des années soixante... ou bien vous étiez complètement drogués, ou bien complètement égarés. (Et j'ose espérer que la première hypothèse est la bonne.)

L'école devrait toujours évoluer en marge des modes et des courants. Sans s'isoler radicalement du monde, l'école devrait être la première à douter des promesses de bonheur scandées par les papes de la mode. Elle devrait se méfier de tout courant révolutionnaire. Elle devrait suivre l'évolution d'une société sans pour autant tomber dans le piège de ses révolutions. Elle devrait s'en remettre à la permanence et à la continuité. Mais il y a trente ans, nous avons rejeté un code d'éthique scolaire vieux de plusieurs siècles à la faveur d'une mode révolutionnaire ; nous nous sommes résignés à n'encadrer les élèves qu'au strict minimum. Résultat : ils font maintenant ce qu'ils veulent – ou presque – à l'école. Pourquoi ? Parce que, 1) les parents ne sont pas là ; 2) certaines directions d'écoles se montrent trop permissives, et 3) les profs finissent par décrocher.

Ça me rappelle mon premier contrat de suppléance. Vous allez comprendre.

C'était en français langue seconde dans une école anglaise de l'ouest de l'île. Les élèves avaient fait « sauter » leur prof de français.

Burnout. En mai. Ils en étaient d'ailleurs tellement fiers qu'ils s'en vantaient devant moi. Premier jour : des punaises sur ma chaise. (Un pantalon de moins.) Deuxième jour : débat (fortement suggéré par les élèves) sur les *&*!*@*$#* de *frogs* qui veulent assassiner le Canada. C'était l'époque de l'échec de l'Accord du lac Meech. Voyez le genre d'accueil ?

Évidemment, je n'allais pas me laisser niaiser. Alors j'ai foutu des élèves à la porte : ils me sont revenus. Je les ai refoutus à la porte : on m'a convoqué au bureau du directeur de la vie étudiante, qui m'a aimablement laissé entendre que, vu les circonstances, j'aurais intérêt à filer doux avec les élèves. Ma survie en dépendait. Certains élèves avaient des « problèmes », et leur faire la vie dure pourrait envenimer les choses…

J'en ai parlé aux autres profs. La plupart m'ont dit que je n'avais pas de chance, que mes trois groupes étaient de mauvais groupes mais qu'il ne fallait pas généraliser, que certains groupes (entendre : les enrichis) étaient plutôt bien, etc. Ces profs-là étaient résignés à voir des hordes de barbares faire la loi à l'école et provoquer des *burnouts* chez leurs collègues. D'autres, rarissimes, se sont mis à gueuler contre les membres de la direction, les traitant de mous, d'incapables, de pas de couilles… Ces profs-là m'appuyaient. J'ai cru comprendre qu'ils passaient pour des chialeurs. Je me la suis fermée illico.

J'étais donc tombé sur les pires cancres du

lot. Soit. Mais je n'avais pas envie pour autant qu'on me prenne pour un parcomètre. Alors j'ai continué de sévir, mais en gardant tout mon monde en classe. J'ai ainsi provoqué l'insolence de certains en semonçant leur attitude, leur paresse, leur comportement. Et comme prévu, on m'a plus ou moins envoyé promener. J'ai réagi : le soir même, j'ai appelé une quinzaine de parents et après mon explication – tout en dentelle –, j'ai eu droit à trois réactions : a) merci de m'avertir ; b) il n'y a rien à faire, et c) quoi ? vous avez déjà perdu la maîtrise de vos élèves ?

Les parents *b* et *c* étaient largement majoritaires. Deux ou trois parents seulement se sont montrés coopératifs. Dans ces cas-là, les résultats n'ont pas tardé : les élèves se sont remis à faire leurs devoirs et m'ont fiché la paix. Ils se sont sans doute ennuyés royalement jusqu'à la fin de l'année, mais au moins le train a pu avancer. Juste d'après le ton de leurs parents, j'ai cru deviner que ces jeunes-là ont dû passer un très mauvais quart d'heure.

Mais les autres – l'écrasante majorité – ont continué à faire la pluie et le beau temps en dosant brillamment leur indiscipline. Quand ils voyaient que la coupe était pleine, ils se calmaient un peu et ne reprenaient les hostilités que quelques minutes plus tard. Bref, ils s'assuraient une fin d'année hédoniste à l'abri de tout risque. J'étais neutralisé, et ils avaient beau jeu. Pas bêtes, les petits rusés. Et protégés de pied en cap.

Dans des écoles comme celle-là, le prof n'a pratiquement aucun pouvoir. Les élèves le savent ; les parents s'en doutent. Et je soupçonne certains directeurs de s'en réjouir.

Après deux semaines d'« époumonnage » et d'insomnie, j'ai rendu les armes. Je les ai minouchés jusqu'à la fin de l'année. Entente tacite. Je me suis mis à faire le *cool*. Pourquoi pas ? Ça marchait pour d'autres profs, alors pourquoi pas pour moi… Chansons, périodes libres, discussions – en anglais ! – sur les tensions linguistiques au Kwebeck, presque plus de devoirs, grosses notes, aucune sanction, etc. Ç'a été « correct ». Disons endurable. Puisqu'ils filaient « été », je leur ai donné un cours « été ». Ils n'ont absolument rien appris. J'ai encaissé mes chèques. J'ai dormi la nuit.

Et je me suis presque senti des affinités avec le corps professoral.

Bref, dans une école où il est roi et maître, l'élève peut se révéler un manipulateur étonnamment habile, doublé d'un astucieux stratège – conséquence d'une attitude laxiste issue de l'utopie gaga du rapport Parent, qui disait : « Nous recommandons que la discipline de l'école secondaire se définisse surtout en fonction de l'organisation du travail intellectuel et en vue de laisser à l'élève de l'initiative et des responsabilités personnelles[11]. » Et vous savez quoi ? Ça marche fort fort. La preuve : le code d'éthique n'existe que sur papier.

Après tout, il faut bien laisser le « jeune » s'exprimer. Sinon, on reviendrait aux coups de baguette des *méchantes* bonnes sœurs d'autrefois…

Ah ! seigneur Dieu… quand les fantômes s'en mêlent.

L'uniforme

À l'école secondaire, la discipline n'est pas chose facile. La tentation est forte chez beaucoup d'éducateurs de simplifier le problème en établissant un règlement qui supprime ou canalise étroitement les occasions, pour les étudiants, de s'exprimer et d'être eux-mêmes[12].

Rapport Parent, 1963

Et voilà de retour la commission Parent avec sa super philosophie du « laissez donc le jeune s'exprimer ».

Évidemment, dans le monde parfait qu'anticipaient les québécolologues des années soixante, l'idée d'imposer des contraintes vestimentaires à l'école eût été grotesque. Mais voilà : bien qu'ils soient jeunes, beaux, pleins d'idéaux et de qualités, nos élèves sont aussi à l'image de la société d'aujourd'hui : ils sont méchants, envieux, baveux et matérialistes. Et ils puent la mauvaise foi.

Il leur faut donc un code vestimentaire, c'est-à-dire un uniforme.

Je vous accorde qu'on peut certainement réfléchir, étudier et pousser du crayon en portant une toge, des jeans, une robe, un complet, des shorts – pourquoi pas tout nu, tant qu'à y être. Personne n'en disconviendra. Mais là n'est pas le problème.

Le problème, c'est qu'il y a des élèves plus riches que d'autres qui aiment beaucoup snober leurs petits camarades avec ce qu'ils ont sur le dos. Le problème, c'est qu'il y a un esprit de rébellion à l'adolescence qui incite plusieurs jeunes à se vêtir de haillons juste pour embêter les snobs, les profs, « la société ». Le problème, c'est qu'il y a des élèves qui affichent leurs convictions jusque dans leur tenue vestimentaire : chandails rock, chandails sport, bottes Doc Marten, foulards islamiques, turbans, croix, etc.

Dans les écoles secondaires, la tenue vestimentaire devient donc rapidement idéologique. Mais hélas, le grand public cautionne difficilement la volonté d'empêcher ces tenues idéologiques : notre maladif respect de la différence nous en empêche. Pourtant – et ce, malgré la grande tolérance qui caractérise la société québécoise –, il le faut. C'est un impératif. On va à l'école d'abord et avant tout pour s'instruire. Pas pour montrer qu'on aime Metallica ou André Agassi, ou qu'on est skin, ou qu'on croit en Jésus, Mahomet ou Vichnou.

Pour ma part, je reste béat d'admiration devant un coup droit d'Agassi ; dans mon salon, au centre commercial, ou dans le métro, mais pas à l'école. On va à l'école pour s'abreuver d'autrui. Pas pour s'afficher.

L'élève est une éponge. Pas un robinet.

Le port de l'uniforme ne réglerait certainement pas tous les problèmes ; cependant, sa principale vertu serait de créer dans nos écoles un effet constipatif. Si si, un effet constipatif. Et ce serait très bien ainsi. Il faut, ne serait-ce que pendant les premières semaines d'une année scolaire, que les élèves apprennent à marcher les fesses *très* serrées. Croyez-moi, c'est beaucoup plus facile de déconstiper un groupe constipé que de chercher à en constiper un qui a déjà pris ses aises. J'ai d'abord enseigné à des élèves libres de toute contrainte vestimentaire, puis à des élèves portant l'uniforme ; je serais incapable de tolérer aujourd'hui qu'on entre dans ma classe vêtu n'importe comment. Pas au secondaire. Va pour le cégep, va pour l'université, mais pas pour le secondaire. Quand j'étais étudiant à McGill, des amis et moi portions des shorts jusqu'en novembre, par défi, et après, c'étaient les *sweat pants*. Ça ne nous a jamais empêchés d'étudier, et aucun prof ne s'en est formalisé. À ce stade, on s'en fout : celui qui est prêt à sacrifier trois ou quatre années de sa vie et plusieurs milliers de dollars pour étudier n'a besoin ni d'un code d'éthique ni d'un code moral, et encore moins d'un code vestimentaire. Il est un adulte ; idem pour le cégep (à quelques nuances près). Mais au secondaire, la dynamique est complètement différente : l'élève est obligé *par raison d'État* d'y être, et il *n'est pas* un adulte.

Tout chez lui est bouleversé au cours de ces années ; dans une école secondaire, le port de l'uniforme a alors pour effet d'adoucir le choc. Il indique que tous sont là pour apprendre, et pour rien d'autre : apprendre les maths, le français, la vie en société, le respect, l'échec, les arts, les sports, l'écœurement même ! mais apprendre. Et pour arriver à créer cette atmosphère d'apprentissage, il faut imposer un code vestimentaire.

Je n'ai pas à vous faire de dessin : le monde d'aujourd'hui n'en a que pour le *look*. Chaque vêtement est porteur d'un message. Voilà pourquoi je prends ainsi position en faveur du port de l'uniforme : il a pour effet d'envoyer un seul message clair aux élèves, qui se résume à ceci : ÉCOLE.

C'est le juste retour des choses. Depuis trente ans, on s'évertue à déconstiper nos écoles sous prétexte que les couvents et les séminaires, autrefois, les avaient constipées démesurément. Soit, il y a un fond de vérité làdedans ; mais la preuve est maintenant faite que cette libéralisation outrancière a complètement dénaturé l'école, ce qui n'est guère mieux.

À l'orée du XXIe siècle, il est grand temps de prendre du recul face à notre propre évolution et de viser l'équilibre en toute chose. Dans cette recherche de l'équilibre, le port de l'uniforme dans les écoles secondaires s'impose de plus en plus comme une évidence.

Le vouvoiement

La première année que j'ai enseigné, les élèves me disaient « tu ». J'avais refusé le vouvoiement, qu'on imposait pourtant aux élèves de ce collège privé très b.c.b.g. Résultat : un terrible casse-gueule. Il me semble maintenant que vouvoyer le professeur va de soi autant que porter un uniforme.

J'ai récemment entendu des collègues me parler des écarts de langage que le tutoiement engendre dans certaines écoles. Pour vous donner un exemple, ça peut donner ceci, en pleine période de travail individuel : « Enwèye, la prof, grouille tes fesses, j'ai besoin d'aide. » (Le tout dit sans la moindre intention maligne.) Ça vous surprend ? Il n'y a pas de quoi. Moi, ce qui me surprendra toujours, c'est bien plus la résignation de ces profs qui se font apostropher sur ce ton-là, et avec ces mots-là.

Le ton qui accompagne implicitement le tutoiement n'est pas le même que celui qui accompagne le vouvoiement. S'il est vrai qu'on peut envoyer promener quelqu'un en disant *vous*, admettez que *« Allez donc chier, monsieur »* sort moins facilement – et a moins d'impact – que le retentissant *« Va chier, mon gros crisse »*. Le rôle des profs à cet égard est précisément de développer chez les élèves le réflexe des convenances, ce réflexe qui provoque un bloquage ou une retenue dans certaines situations d'agressivité. Ce bloquage peut durer une fraction de seconde seulement, mais dans le quotidien passablement stressé d'une journée d'école, c'est souvent la seconde qui manque à un élève pour ravaler ses paroles. C'est de l'éducation civique pure et simple. De la maîtrise de ses impulsions. Ça s'apprend. Ça se développe. Et ça passe en partie par le vouvoiement.

On a abandonné le décorum d'autrefois – ici rabelaisiennement appelé « constipation » – au profit de l'égalité tous azimuts, de l'effondrement des frontières et de l'élargissement de la morale. Pour être à la mode, on a survalorisé le minouchage bien en règle – le *s'il te plaît, une dernière bouchée pour maman, et après, menoum !, il y aura du dessert.* Je ne crois plus du tout à ce minouchage. J'y ai cru à mes débuts, et j'y croirais probablement dans un contexte de stabilité et de vertu généralisée. Mais tel *n'est pas* et ne sera *jamais* notre contexte scolaire réel. À court terme, ce dorlotement peut donner des résultats positifs ; mais à long terme, il échoue presque toujours. Ça frise le chantage affectif, et on s'y épuise vite, car *les hommes sont ingrats, méchants et ne veillent qu'à leurs intérêts personnels,* dirait en substance le terrible Machiavel. C'est drôle, aujourd'hui quand je pense à cette façon de motiver les élèves, je pense inévitablement à l'entraîneur Jacques Demers, l'archétype du bon gars : sous l'effet charmeur de sa proverbiale bonhomie, ses joueurs ont gagné une coupe Stanley à sa toute première saison à la barre de la Sainte Flanelle (oh !)… et deux ans plus tard, on lui montre le chemin des douches. Scotty Bowman, lui, n'a jamais attendu l'affection de ses « hommes » pour les commander ; et voyez un peu sa feuille de route…

Le tutoiement des professeurs est une autre porte ouverte à la cajolerie systématique. Son but, dit-on, est d'adoucir le « terrible » contrat social que l'étudiant signe contre sa volonté avec l'école. Erreur. Pour moi, c'est plutôt une façon de lui dire : « Ben non, je ne suis pas vraiment ton supérieur ; je suis plutôt un ami qui est là pour t'aider. » Le rapport Parent pontifiait : « Un système scolaire attentif à l'enfant doit donc faire du maître un collaborateur de l'enfant dans ce travail de maturation et de développement[13] […]. » De « collaborateur » à « ami », avouez qu'il n'y a qu'un pas, que bon nombre de profs se sont empressés de franchir.

Notre attitude actuelle, c'est presque de nous *excuser* auprès de la jeunesse de l'envoyer à l'école, à telle enseigne que certains originaux proposent même de *payer* les élèves pour étudier ! (Cela se fait déjà à titre expérimental aux États-Unis, Mecque incontestée de la pédagogie « moderne ».) Autrefois, aller à l'école était un privilège : aujourd'hui, c'est un droit. Ça change tout. Jadis, on marchait les fesses serrées ; aujourd'hui, on revendique. On revendique le droit de tutoyer son prof comme autrefois en France les bonnets phrygiens revendiquèrent le droit de tutoyer les nobles, ou comme en Russie les bolcheviks abolirent les classes sociales pour créer l'égalité entre « kamarades ».

Erreur. Grave erreur. Nul n'est le camarade de celui qui n'est pas d'abord son ami. Et un prof *n'est pas* l'ami de ses élèves.

Un prof ne sera jamais l'ami d'un élève. Il est son prof.

Un prof ne sera jamais l'égal d'un élève. Il est son prof.

L'égalité profs/élèves est un leurre – n'en déplaise aux pelleteux de nuages de la commission Parent, qui affirmaient : « Dans cette situation inégale d'un adulte possédant toute l'autorité, le langage, les connaissances, [...] l'enfant peut être irrité ou blessé dans le sentiment de sa dignité personnelle[14] [...]. »

Cela dit, j'ai appris à exiger qu'on me vouvoie. À ma deuxième année d'enseignement, j'avais vingt-cinq ans ; mes élèves en avaient seize et dix-sept. Comme différence d'âge, c'était bien peu. Mais j'ai tenu mon bout pour le vouvoiement, et ç'a immédiatement créé une distance entre eux et moi. J'ai alors compris à quel point c'était nécessaire. Au risque de me répéter, dans un monde bon, altruiste, non conformiste, etc., imposer le vouvoiement serait aussi clownesque qu'imposer un uniforme. Tout ça n'est, bien sûr, que des formes. Mais hélas – est-il bien utile de le répéter ? – notre monde n'est pas bon et altruiste ; pis, je crois sincèrement que là où l'on s'ennuie, on peut être foncièrement mesquin. Et croyez-moi, l'école ennuiera toujours les jeunes. C'est une loi « cosmique ».

L'école ludique, somme toute, est un triste héritage des années soixante qu'on doit faire mourir *au plus pressant.* Juste une petite dose de constipation, de grâce.

Un peu de décorum.

2

L'encadrement performance : assommoir du secteur privé

Assommoir : « Instrument servant à assommer, à tuer des animaux. »

L'encadrement, c'est l'aménagement de l'espace vital d'un élève. C'est aussi la marge de manœuvre dont il dispose dans toutes les sphères de la vie étudiante : cours, études, sports, arts, activités, vie sociale, règlements, etc. C'est aussi l'ensemble des moyens que les autorités prennent pour atteindre leur objectif principal : le projet éducatif. Forcément, la discipline fait donc partie de l'encadrement, mais on aurait tort de confondre ces deux choses : l'encadrement est beaucoup plus englobant que ne l'est la discipline.

Au secteur public, nous l'avons démontré, ce cadre est déficient. Au secteur privé, par contre, il existe ; mais il est tellement envahissant pour ceux qui s'y coincent le cerveau qu'il devient un véritable assommoir. Si le secteur privé de l'enseignement secondaire jouit effectivement d'une confortable avance sur le secteur public en matière de discipline, il n'a cependant aucune raison de pavoiser quant à l'encadrement.

Car l'école privée est souvent un business, qui tente de recréer le monde scolaire d'autrefois avec un succès mitigé ; et si un trouble-fête ne fait plus l'affaire, on peut *en toute légalité* lui montrer la sortie. Pas d'intrus dans la fourmilière, ce qui est sans conteste un avantage appréciable sur le secteur public. Mais l'école privée doit de plus en plus se battre pour sa survie. Alors, elle cherche désespérément à présenter une image nette aux consommateurs d'écoles.

La question est donc : l'école privée est-elle réellement sans tache ?

Mon expérience dans ce secteur m'a appris qu'elle ne l'est pas nécessairement. Malgré l'allure proprette de ses petits protégés et ses performances « élevées » aux examens du MEQ, l'école privée n'est pas aussi *clean* qu'on le pense, et les élèves ne s'y épanouissent pas plus qu'à l'école publique. En fait, à mon sens, elle est peut-être même pire que l'école publique : elle est prétentieuse, et elle justifie très peu ses prétentions.

Le secteur privé est souvent un marchand d'illusions : des illusions de marketing visant à attirer les clients. Survie oblige. Exception faite de certaines institutions choyées qui jouissent de réputations en béton armé ou qui ne subissent pas la loi de la compétition, la survie des écoles privées dépend d'une clientèle fragile dont le renouvellement n'est jamais acquis. Alors, elles misent sur tout ce qui est susceptible de polir leur image, que ce soit formateur ou non pour les élèves.

Le leitmotiv de la majorité d'entre elles, qui leur permet d'attirer des parents un peu naïfs avec un mot très à la mode, très « américain » s'appelle *performance*. Certains diront *excellence*. Ne vous laissez surtout pas berner.

L'encadrement assommoir que je dénonce ici naît donc de l'obsession de la performance. C'est là aussi que se trouve l'origine des guéguerres de réputation entre collèges privés.

Notes et compétition

> Performance : « Résultat chiffré obtenu par un sportif ou un cheval de course lors d'une épreuve, d'une compétition, d'une exhibition. »

Cheval de course ; résultat chiffré ; épreuve : dans le secteur privé, on encourage trop souvent les élèves à devenir de petits chevaux de course chiffrés, qui vont à l'école strictement pour battre des records.

Hélas, on fait tout un plat des notes qui, au fond, ne devraient être qu'une simple police d'assurance. On leur octroie des pouvoirs magiques de motivation qui engendrent des désillusions et qui forcent les élèves à décrocher prématurément.

La direction à l'école privée n'est pas la seule responsable de la suprématie des notes : beaucoup de parents ne s'intéressent qu'à cela. Et avec quelle obsession ! Ça frôle parfois l'infantilisme. Les profs aussi ont leur part de responsabilité à assumer à cet égard, eux qui vendraient leur âme au fantôme de Jean Piaget pour obtenir des « résultats ». Mais la véritable coupable, c'est la mentalité de notre système dont la prémisse est que l'éducation *peut être chiffrée*. Erreur : l'éducation *ne se chiffre pas*.

Pour rendre la quête des notes plus attrayante, les directions d'écoles multiplient les concours, les honneurs, les prix, les médailles et les autres gugusses, et fantasment à longueur d'année sur le palmarès des écoles privées que le MEQ publie chaque printemps. Penchons-nous d'abord sur la prolifération des prix de tout genre ; nous terminerons ensuite ce chapitre avec les fantasmes (je vous vois saliver) des directeurs d'écoles.

À force d'être gavées de méritas, de prix, de médailles, de bannières, de trophées, de certificats et d'autres trucs du genre, nos jeunes oies des collèges privés font des indigestions de premières places. Ils évacuent complètement le sens fondamental de l'apprentissage et se concentrent exclusivement sur le résultat, le chiffre, la performance. Ils se fichent pas mal du reste. Bref, le nanane devient l'objectif en soi, au lieu d'être la récompense qui l'accompagne. « Vous devez y arriver, peu importe comment. » Pression pression. « Il faut être les meilleurs : la société vous a choisis pour être les meilleurs. Si vous voulez faire votre place dans la jungle du marché du travail, vous devez "performer". Sinon, attention à la génération d'éboueurs qui s'en vient... » Et le client doit répondre : « J'apprends à piétiner mon prochain et à me nourrir de gloire. Car je suis l'élite de demain. »

Quand la fin justifie les moyens...

Dans plusieurs écoles privées, tel est précisément le message qu'on martèle aux élèves. C'est une erreur très grave, qui se fait sur le dos de toute une partie de la jeunesse ; et ce qui m'inquiète, c'est que cette jeunesse-là va forcément se hisser un jour parmi l'élite de la société, et elle va diriger cette dernière avec la mentalité que l'école lui aura inculquée !

On me traitera d'idéaliste, mais il me semble que la connaissance n'est pas la seule fin du processus d'apprentissage. L'essentiel devrait plutôt être les découvertes, les sueurs, les déceptions, les angoisses, l'espoir, le raffinement, l'énergie, le temps, la curiosité, bref tout ce qu'expérimente l'élève entre le début et la fin de son apprentissage. Dans la résolution d'un problème de maths, par exemple, on m'a toujours répété que la démarche avait plus d'importance que le résultat final. Je trouvais ça joli, et plutôt sécurisant pour un cancre de mon espèce. J'y crois encore.

Pour moi, l'apprentissage devrait être un acte désintéressé, une affaire de développement personnel. On devrait former de futurs adultes responsables, bien dans leur peau, et capables de faire preuve de discernement. Mais dans le secteur privé, c'est souvent le contraire qui se produit : l'obsession de la note conditionne les jeunes à se motiver uniquement en fonction d'une récompense chiffrable et palpable. En bout de ligne, ça forme des jeunes qui associent réussite personnelle à performance, salaire, possessions, trophées. Et ça donne notre monde matérialiste. Hop.

L'apprentissage, au contraire, c'est tout relatif ; c'est infiniment personnel. On ne peut pas baliser l'apprentissage comme une piste d'aéroport, et encore moins le chiffrer comme une déclaration de revenus. L'apprentissage, c'est subtil. Et ça n'a rien à voir avec le battage auquel nous convient année après année les collèges privés.

Hélas, le principe de la récompense produit souvent un effet pervers. Où il y a intérêt, il peut y avoir évacuation des motivations vraies et sincères. Au lieu de s'employer à humaniser nos écoles privées, on préfère se complaire dans le jeu de la compétition/business ; et on se donne des airs de fausse majesté auxquels on finit par croire. On se convainc que notre école est une bonne école. J'ai d'ailleurs personnellement connu un président de conseil d'administration d'école privée qui était sincèrement convaincu que son école – très moyenne – était la plus grande invention depuis le bouton à quatre trous.

« Si j'ai envoyé mes deux enfants ici, Benoit, c'est que j'y crois, m'avait-il dit, le regard pétillant. »

Pauvre andouille.

Pour sauver les apparences, les directions d'écoles privées savent présenter cette mascarade des performances de façon qu'elle ne soit pas perçue comme un lavage de cerveau institutionnalisé. À coups de discours ostentatoires, monsieur le directeur sait émouvoir son petit monde :

« Que vous soyez récompensés ou non, la plupart d'entre vous méritez un hommage pour votre acharnement, votre persévérance, votre constance, votre ténacité, votre volonté, votre entêtement, votre obstination, votre insistance, votre opiniâtreté, votre [j'ai épuisé ma liste de synonymes]… »

Attention. Les adolescents ne sont pas des imbéciles. Vous seriez même surpris de voir à quel point ils sont immunisés contre les abus de vocabulaire. Outre quelques rares élèves promis au Panthéon de la performance, les jeunes n'ont rien à foutre des hommages bidon. Demandez-le-leur : le mensonge institutionnalisé, bien peu pour eux.

Les élèves éliminés de la course aux trophées – c'est-à-dire ceux dans la moyenne et les derniers –, s'immunisent très tôt contre le discours performance, et préfèrent être la lanterne rouge plutôt que de se rendre malheureux à pourchasser des cerveaux trop puissants. Lentement, sans s'en rendre compte, ils se convainquent qu'ils sont un peu ti-counes, et deviennent alors de la graine de *drop-outs*.

De leur côté, les premiers de classe acceptent volontiers de se laisser conduire au royaume des masques : ils aiment les nananes parce qu'on les en a toujours gavés. Ils y croient de la même façon qu'un neveu croirait au népotisme : parce que c'est à leur avantage. Outre les avantages, plusieurs se foutent pas mal de leur véritable apprentissage. Ils s'instruisent sans nécessairement s'éduquer. Tout n'est qu'intérêt. Pour moi, l'attitude erronée est là : motiver les jeunes comme des ânes, à coups de carottes, n'est pas ce que j'appelle *former*.

Ne vous demandez pas pourquoi les jeunes sont si désabusés en ce qui concerne nos « institutions » : nos institutions singent la société, et comme la société les dégoûte profondément…

Voulez-vous changer la société et la rendre plus humaine ? Commencez par changer les écoles en cessant de marteler le mot « performance » à grands coups de jujubes dans les caboches de nos premiers de classes.

Vous trouvez que j'exagère ?

J'ai trop vu ces petits *brainwashés* de la première place bûcher pour des notes qui leur feraient obtenir une bagnole, une bannière, une médaille du gouverneur, etc. J'ai trop vu mes patrons encenser les premiers prix et se ficher du reste.

Pour tout dire, j'ai même vu un directeur semoncer un prof parce qu'elle refusait de donner des certificats d'excellence à ses élèves. Elle lui a répliqué qu'elle n'y croyait pas et qu'elle n'en donnerait pas. Gnan. Elle a eu l'audace de dire ce qu'elle pensait en tant que professionnelle de l'enseignement et l'audace d'être conséquente avec elle-même. Et je vous jure que cette femme est le prof le plus respecté que j'aie connu dans ce milieu. En classe, elle est toujours arrivée à ses fins sans l'aide d'un seul nanane. Juste avec sa tête et son cœur.

Le vice qu'encourage la prolifération des prix, c'est l'apprentissage *par* et *pour* les notes. On valorise le résultat au détriment du processus, donc au détriment de la pensée. Chaque année, des orgies de prix sur fonds de tapis rouges sont décernés «aux plus méritants». C'est la décoration du meilleur-vendeur-qui-gagne-une-magnifique-croisière-pour-deux-avec-sa-tendre-épouse-aux-Antilles, version scolaire. Bassement mercantile.

J'ai moi-même été témoin de cas d'élèves qui se sont encabanés pendant des fins de semaine en juin pour mieux «performer» aux examens finals. Ils ne le faisaient certainement pas par défi personnel ; et pendant qu'ils se bourraient le crâne à 30 °C, leurs petits camarades profitaient du soleil, se baignaient, pédalaient, marchaient en montagne, allaient à la Ronde, allaient danser… Ils se refaisaient une santé mentale.

Ils s'aéraient les poumons, l'esprit, la jugeote.

Bref, ils se donnaient un équilibre. C'est aussi ça, l'éducation.

Concours et décorations

Le plus pernicieux de tous les honneurs scolaires est sans contredit la très convoitée Médaille de bronze du Gouverneur général du Canada. On la décerne à l'élève ayant conservé le meilleur dossier scolaire en cinquième secondaire. L'ultime bolle. L'hommage au cerveau hyperactif, au pape de la méthode et au disciple de l'arrivisme.

On ne se soucie pas de savoir si ce cerveau fait du sport, de la musique, de la peinture, du théâtre, ou s'il participe à la vie étudiante et à l'organisation des activités, ou s'il entretient de bonnes relations avec ses pairs et ses supérieurs, ou encore s'il est honnête (j'ai déjà vu une tricheuse notoire remporter ce prix…). L'Honnête Homme de la Renaissance est mort. Vive l'homme performant de la société techno-speed ! On n'arrête pas le progrès, les amis.

C'est de la foutaise tout ça. Quand on sait que ce sont des *dixièmes* de points qui font la différence entre le gagnant et les trois ou quatre dauphins, on comprend à quel point les ravages causés par cette médaille peuvent être considérables : on se bat, on se rend malade et on se jalouse pour des dixièmes de points au sommaire d'une année entière !

L'esprit de compétition qui croît avec la multiplication de ces prix déforme les élèves plus qu'il ne les forme. Il les incite à s'instruire sans pour autant s'éduquer.

À plus petite échelle, il y a aussi les fameux prix *méritas* ou leurs équivalents (certificats d'honneur). Ça, je vous jure, c'est à se *garrocher* contre les murs tellement c'est débile. Toutes les matières y passent. Chaque prof doit voter. À la fin de l'année, on cumule les points et on schtroumpfe une grande fête. La la lè-re. Il y a les incontournables : méritas d'excellence, méritas d'amélioration et méritas de constance. Après, on ajoute un peu de fantaisie en jouant avec les mots et ça donne ceci : méritas du meilleur comportement, méritas de l'amélioration du comportement, méritas de la participation aux comités étudiants, méritas de la serviabilité, méritas du bon esprit, méritas de la participation active, méritas de l'esprit d'équipe, méritas du respect de l'autorité sportive, méritas de l'apport artistique, méritas de l'apport culturel, et j'en oublie. Je n'invente rien, je vous prie de me croire. Quand j'étais étudiant, j'ai moi-même bombé le torse avec mes points méritas.

Quand on y accroche une banderole, l'apprentissage perd tout son sens. Il devient intéressé, et ça gâte la sauce.

Sortons un peu de l'école, et voyons ce que

les concours « externes » nous réservent. Ceux-là sont plus nombreux, plus alléchants, et leurs effets sont souvent plus pervers encore que ceux des concours internes.

Leur coefficient d'émulation est voisin du zéro absolu, à commencer par deux des plus « célèbres », en français du moins : le concours Desjardins et la Dictée des Amériques.

Ces concours ne sont en fait que des outils de promotion au service des collèges privés qui n'ont pas les moyens de leur tourner le dos.

« Sponsorisé » par les Caisses de mononcle Alphonse, le concours Desjardins s'adresse à tous les élèves du secondaire. C'est une composition française. Un thème est à l'honneur chaque année, et les petits scribouilleurs doivent torcher des papiers selon les différents « discours » qui tapissent les programmes du MEQ : secondaire un et deux : récit d'aventures ; secondaire trois : le conte ; secondaire quatre et cinq : la nouvelle ou le texte d'opinion.

Je ne vous dirai pas ce que je pense des thèmes de ce concours, mais en gros il s'agit d'un ramassis des préoccupations sôôciales zé affectives de l'adolescent moyen. Jamais, à ma connaissance, un thème littéraire n'a été imposé.

Et les textes gagnants ne valent pas cher la tonne. Je le sais : j'en ai lu et corrigé des tas avant qu'on les expédie à la Caisse pop. Ils *nauséabondent* l'effort de plaire. (En les corrigeant, d'ailleurs, il arrive que les *nausées abondent.*) Car nos chers élèves connaissent exactement la portée de l'expression *politically correct*. Ils savent se servir des bons sentiments des adultes à leur avantage, c'est-à-dire pour gagner des prix. Je n'ai pas lu beaucoup de textes sincères parmi tous ceux que j'ai corrigés dans le cadre de ce concours. Deux ou trois par année, tout au plus. Et c'étaient rarement les gagnants.

Une année, une de mes plus brillantes élèves y avait soumis un texte génial, de calibre carrément universitaire. Elle avait traité le thème du soleil en fonction de ses manifestations dans la littérature française : et ça voguait allégrement de la négation de la lumière chez Villon jusqu'à l'obsession du soleil chez Camus. Aucun bon sentiment. Aucune référence *politically correct*. Du génie à l'état pur, pour son âge.

Elle n'a même pas eu une mention.

J'ai tout de suite rebondi au bureau du directeur, qui m'a dit qu'il ferait enquête auprès de ces messieurs de la Caisse.

Rien de ce côté. La Caisse ne justifiait pas ses choix. La conclusion du directeur fut qu'on avait probablement soupçonné mon petit génie de plagiat, ou que le principe de l'alternance avait eu raison de son texte.

« Pardon, mais voudriez-vous bien m'expliquer ce que signifie ce principe de l'alternance ?

– L'an dernier, en cinquième, c'est une de nos élèves qui a gagné. Cette année, ils se sont peut-être dit qu'il fallait que le gagnant soit du collège X.

– Pardon ?

– Ça ne m'étonnerait pas, d'autant plus que le directeur du collège X est un grand chum du directeur de la Caisse pop. »

J'ai lu un des textes gagnants : ça n'allait pas à la cheville de celui de mon petit génie.

À vrai dire, je me fous pas mal qu'elle n'ait pas gagné, tout comme elle d'ailleurs. Mais disons que depuis cet incident, le peu de valeur que j'ai autrefois accordé à ce concours s'est volatilisé pour de bon.

Ces concours, il est vrai, ne sont pas l'apanage des collèges privés. Dans le secteur public, la différence, c'est l'attitude modérée qu'on adopte : on y participe comme on peut, et on se réjouit du succès des gagnants, mais on n'en fait pas tout un plat. Ce n'est pas une priorité. (Le secteur public en aurait d'ailleurs long à enseigner au secteur privé sur les diverses techniques de respiration par le nez.) Dans le public, sauf exception, on se calme les pompons avec ce genre de concours.

Mais le réseau privé n'a pas les moyens de respirer par le nez, parce qu'avec ces prix viennent les pubs gratuites dans les hebdos locaux, accompagnées de la bette du député, du maire, du directeur de la Caisse pop, etc. Bref, il y a moyen de récupérer ces honneurs afin d'assurer le « rayonnement » de l'institution. *Business is business.* Faut bien vendre l'école.

Peut-être certains vont-ils m'accuser de faire

de l'angélisme quand je m'en prends ainsi à l'école-business, ou de cracher sur des moyens légitimes de stimuler les élèves. Après tout, diront-ils, on fonctionne avec des prix et des récompenses partout dans la société. Je leur répondrai que ceux qui se laissent laver le cerveau par les prix dans nos écoles secondaires, ce sont des élèves ; pas des financiers, ni des artistes, ni des joueurs du Canadien, ni des ministres et encore moins des archevêques !

Quand ils auront quitté l'école, ce sera différent. Mais tant qu'ils y seront, la motivation par les concours a l'effet pervers d'un mensonge rémunéré.

Le pire – et hélas le plus connu – de tous ces concours, c'est bien sûr le célébrissime *Génies en herbe*. On met quatre cerveaux hyperactifs en bas, quatre en haut, et la course au *buzzer* commence. C'est la course au savoir quantitatif et à l'identification des banques de données. C'est la négation de la nuance et de la subtilité.

La régurgitation des oies gavées, quoi.

Ça, c'est ce qu'on voit à l'écran. Mais ce n'est que la pointe de l'iceberg. Essayez d'imaginer le chemin que nos braves petits génies doivent parcourir afin de se rendre jusque-là… Par exemple, ils ne lisent pas l'œuvre de Michel Tremblay, mais ils connaissent par cœur tous ses titres. Ils ne s'entraînent pas comme Gaétan Boucher pour vivre le sacrifice olympique, mais ils peuvent vous éructer instantanément tous ses records. Ils ne s'intéressent sans doute pas aux conséquences qu'a entraînées le positivisme au siècle dernier, mais peuvent vous sortir la date de naissance de Louis Pasteur et le nom du premier amant de Marie Curie en moins de trois secondes.

Génies en herbe représente le nanane suprême, le top jujube, le triple salto arrière de tout conseil d'administration de collège privé. Une pub gratuite à la « tivie ». Le XXe siècle dans le salon de notre (sniff) beau collège (resniff).

Où est la culture ? Je n'en vois même pas les premiers balbutiements. Je vois plutôt une perversion de la pensée au profit de l'instantané. Le micro-ondes de la connaissance.

Faut bien être de son temps...

Performance, donc : cheval de course, épreuve, résultat chiffré. Telle est bien l'image qui me vient en tête lorsque j'entends parler de l'encadrement dans le secteur privé. Mais venons-en maintenant aux fantasmes tant attendus de nos directeurs et directrices d'écoles privées : le palmarès annuel du ministère de l'Éducation du Kwébèck. Menoum. J'adore.

Le palmarès des écoles

Ce monstre est une création du MEQ. Il s'agit d'un document *épais* d'une soixantaine de pages, dans lequel on classe les écoles privées et les commissions scolaires en fonction des résultats chiffrés de leurs chevaux de course aux épreuves ministérielles de juin. C'est une pure merveille statistique et graphique : il y a des colonnes de chiffres pour le secteur public, des colonnes pour le secteur privé, des colonnes pour chaque matière, des colonnes pour chaque niveau, des colonnes pour les résultats globaux, des colonnes pour les régions administratives, etc. Sa présentation varie sensiblement d'une année à l'autre : on ajoute des colonnes, on en retranche, on classe les écoles en fonction des moyennes, du pourcentage de réussite, bref on « réoriente l'orientation » dudit document, etc.

Faut bien faire travailler quelques fonctionnaires.

Dans le cercle des écoles privées, ce palmarès s'est très vite métamorphosé en parole d'évangile. Crois ou meurs.

Autrefois, avant le rapport Parent, les collèges privés étaient autosuffisants grâce à des réputations en béton armé. Maintenant qu'ils ont de la compétition bon marché – le secteur public – et que leurs subventions diminuent, ils doivent prouver à tout le monde leur virilité intellectuelle. Ce fouillis de colonnes qu'on appelle « palmarès » leur en donne une joyeuse occasion.

Il y a des perles dans ces documents. C'est en les analysant qu'on apprend avec stupéfaction, par exemple, qu'un très prestigieux et très jésuite collège privé montréalais du flanc nord de la montagne Royale, tout près d'un bourg b.c.b.g. fort connu, ne se retrouve même pas parmi les dix premiers de la province !

Pis encore, c'est ainsi qu'on a appris que certaines écoles publiques, ces vulgaires B.-S.

du système, *devançaient* tout un troupeau de collèges privés ! Imaginez… la catastrophe ! Le branle-bas de combat, mes amis, s'est organisé : à la guéguerre comme à la guéguerre ! Et disgrâce pour le collège privé qui balayera le fond du classement ! Il aura des comptes à rendre, le pauvre : aux profs, au c.a., et aux parents surtout, qui raffolent de ce genre de trucs. Les seuls que ça laisse plutôt froids, ce sont évidemment les élèves.

Voyez un peu le portrait ? Je vous disais que les collèges privés assurent leur survie à grand renfort de performances ; alors, ceux d'entre eux qui n'occupent pas une position « respectable » au palmarès, que pensez-vous qu'ils vont se faire dire par les parents ?

« On croyait que vous étiez plus forts que ça avec votre projet éducatif fondé sur l'*excellence*… »

Ce que vous ignorez, madame chose, c'est que les collèges privés misent presque tous sur l'excellence, à dosages différents bien entendu. Alors, ce sont ceux qui dosent le plus fort et qui sélectionnent le mieux leurs petits chevaux de course qui raflent les honneurs. Les autres auront beau injecter à leurs poulains des stéroïdes cervoïsants tant qu'ils voudront, la loi de la compétition veut qu'il y ait des premiers et, hélas, des derniers.

Les collèges privés subissent de ce côté-là une pression épouvantable, pression qu'ils ont eux-mêmes créée en vendant aux parents de la performance à grosses pelletées, comme les

Raisin Bran. Et devinez qui font les frais de cette pression ? Les élèves. Quand les parents s'agitent et menacent les directeurs, ceux-ci grondent les profs, qui à leur tour harcèlent les élèves.

Il existe sans doute quelques collèges privilégiés qui échappent à ces guéguerres. Tant mieux pour eux, et que Dieu les préserve de la gale. Mais je doute qu'ils soient nombreux.

J'ai déjà entendu un directeur d'école privée particulièrement gâtée par ce palmarès vanter, au cours d'une journée pédagogique, son prof d'économie qui venait de ravir la première place à l'échelle provinciale pour la troisième année consécutive. Essayez d'imaginer l'atmosphère de compétition et de jalousie que ça crée dans une salle de profs... ces mêmes profs qui ont pour mission de tempérer les esprits trop compétitifs dans leurs propres classes !

De la bouche de ce même directeur – un sympathique incompétent –, j'ai aussi entendu claironner que la survie de l'école dépendait en grande partie de ce palmarès. Et la menace de la clé dans la porte si par malheur on se faisait déclasser...

Alors un prof qui a un bungalow à payer et trois enfants en pleine croissance a tout intérêt à marcher droit. À encourager la compétition. À viser les *top performances.*

« *Do or die,* jeune homme ?

– *Do,* monsieur. »

Mon second directeur était plus subtil. Pendant les premières années de la publication de ce palmarès, il évitait d'en ébruiter les résultats : « son » école était la lanterne rouge. L'année de mon arrivée, j'ai eu la chance d'avoir un petit groupe de vingt élèves très forts : le collège s'est classé quatorzième en français, troisième en économie et onzième en maths. Un bon cru. Le délire, mes amis, le délire ! Et les graphiques maison se faisaient aller : et hop la belle courbe et double hop, la fulgurante progression sur cette droite et triple hop, comparez dans la colonne hachurée, et et et et…

Le Tide amélioré. Plus pour votre argent.

L'année suivante, les élèves étaient beaucoup moins forts. Je me suis alors défoncé pour qu'ils obtiennent des résultats comparables à ceux de leurs prédécesseurs. À vrai dire, en cinq ans, pas un seul de mes groupes n'a été mieux préparé que celui-là aux examens finals. Il s'est classé au 29e rang sur 120 écoles privées environ, soit 15 rangs – seulement – derrière le groupe précédent. J'étais fou comme un balai, compte tenu des circonstances. C'était pour moi une grande victoire. La catastrophe avait été évitée : je m'attendais à un quatre-vingtième rang. Mais malgré cela – bien que les résultats en français aient subi le recul le moins accusé parmi toutes les matières évaluées –, on m'a tout de même reproché ce recul : car il y avait eu recul !

Voilà ce qui arrive quand le MEQ s'amuse à jouer les Standard & Poors du réseau scolaire.

LES PROTAGONISTES

3

Parents *drop-in* et *drop-out* : envahissants

[Les parents] font montre de beaucoup de tolérance en ce qui concerne l'absentéisme [de leurs enfants]. Certains acceptent mal qu'on les appelle pour leur dire que leur enfant n'est pas en classe[1]!

Un directeur d'école

L'école est une famille, j'en conviens. Mais si la famille/foyer ne fait pas son boulot, il est illusoire de croire que la famille/école pourra le faire à sa place.

« La voix »

Un jour, l'hiver dernier, je me suis fâché. Mononcle s'est fâché.

Les blues de février, mononcle, ça le rend maussade et irritable. Mononcle a donc décidé qu'il en avait assez des cinq cancres qui prenaient un peu trop de place à son goût dans la classe. À l'occasion d'une fin de période bordélique, mononcle a décidé de se montrer encore plus baveux que « le jeune » : avec un discret rictus en coin, il a lu cinq petites phrases salées de son cru et en a distribué une copie à chaque belligérant. Tous devaient remettre à huit heures pile le lendemain matin le fruit de leur dur labeur : copier cinq cents fois ladite phrase.

C'était la première fois que j'usais de ce genre de stratégie. Comme je déteste la routine, j'ai opté pour quelque chose de neuf. Mononcle voulait expérimenter la sensation de donner de la copie à ses ouailles. Mal m'en a pris : je me suis retrouvé le lendemain matin avec 2 500 phrases écrites *à l'ordinateur*. C'est que j'avais omis de préciser que j'attendais des copies manuscrites. Les petits anges ne se sont pas posé longtemps la question de la moralité de leur geste : ils se sont rués sur la fonction « repeat » des IBM du collège et ont pondu une copie absolument parfaite du devoir en moins de cinq minutes.

« Il va bouffer ça tout rond », se sont-ils sans doute dit. Ou peut-être était-ce une provocation consciente ?

J'ai reçu les copies et je n'ai rien dit, me promettant de les rattraper au prochain virage. On n'arrête pas le progrès, les amis. Quand je vous disais que nos beaux petits élèves innocents peuvent parfois puer la mauvaise foi... Permettez-moi d'ajouter qu'ils sont aussi des comédiens de grand talent. Mais, bon... tel n'est pas le but du récit de cette anecdote. Je veux surtout vous parler de la prise de bec que j'ai eue avec la mère d'une des cinq hors-la-loi. Voici la phrase que je lui avais donné à copier : « Dorénavant, j'apprendrai à domestiquer mes démons intérieurs et à chasser les esprits délétères. »

L'élève a d'abord cru à une blague. Oh que non. Mon objectif était bel et bien de leur refuser l'entrée au cours le lendemain s'ils ne montraient pas patte blanche : avoir copié la phrase cinq cents fois. Et j'ai ajouté : « Pour me prouver que vous avez passé la nuit à copier, je ne vous accorderai le droit de franchir le Rubicon qu'à la condition de voir de larges cernes de fatigue sous vos yeux. Pas de cernes, pas d'entrée. »

Quand ils ont enfin compris le sérieux de l'affaire, un silence vespéral s'est insinué. Une petite « voix » haut perchée a aussitôt assassiné ce silence : « Moi, je le fais pas.

– Ah non ?

– Non.

– Tu expliqueras ça au directeur. »

Cette année-là, je pouvais enfin compter sur la fermeté, mon directeur, le premier en cinq ans à être titulaire d'une authentique paire de couilles.

Puis, la « voix » meurtrière s'est pointée à mon bureau pendant l'heure du dîner. Je l'attendais : car elle était exactement le genre d'élève qui sait comment s'y prendre pour nuire à un prof sans pour autant dépasser certaines bornes... le genre d'élève rusée qui sait « s'amuser » « à la limite de la limite », si vous voyez ce que je veux dire.

« Je peux vous voir ?

– Bien sûr !

– Je la ferai pas, votre copie.

– Tu n'entres pas.

– Mais j'ai rien fait !

– ...

– Pourquoi je la ferais si j'ai rien fait ?

– Tu le fais, point.

– Je la ferai pas.

– Huit heures demain matin.

– Sinon ?

– Problème. Grave problème.

– Je le ferai pas.

– J'appelle ta mère.

– ...

– J'avertis le directeur.

– ...

– À demain. »

J'ai appelé la mère, mais – ô maladresse – je suis tombé sur la tante : il y avait deux numéros sur la liste *en cas d'urgence,* et j'avais lu un peu trop vite...

« Pardon madame, je vais essayer de joindre

sa mère au xxx-xyxy. Merci et encore une fois, désolé ! »

La mère ne fut pas joignable.

Le lendemain à huit heures, les cinq m'ont présenté leurs petits chefs-d'œuvre faits à l'ordinateur – y compris la « voix ». (Délectables monstres.) La copie de la « voix » était accompagnée d'une lettre dont l'écriture était hautement stylisée. Ça venait de la mère. Je lus.

Cher monsieur Séguin,

Je signe, tel que vous me l'avez demandé, la copie de ma fille. Cependant, je ne comprends pas que vous l'ayez forcée à faire cette copie puisqu'elle m'a juré qu'elle n'avait rien fait pour mériter cette sanction. Je connais suffisamment ma fille pour savoir si je peux lui faire confiance. En plus, vous êtes le seul prof avec qui elle a des problèmes. Sachez que je ne suis pas une ignorante, malgré la phrase que vous lui avez donnée à copier. Aussi, il est hors de question que j'achète du maquillage à ma fille pour qu'elle se dessine des faux cernes sous les yeux. Enfin, le numéro de téléphone de ma sœur, que vous avez alertée pour rien, apparaît dans la liste des *urgences seulement.* J'apprécierais que vous fassiez attention la prochaine fois. Vous l'avez inquiétée pour rien.

J'espère que cela vous conviendra.

Madame sa mère

Pendant que mes adorables petits s'escrimaient sur leur composition, je lui répondis :

Chère madame,

Merci d'avoir signé la copie de votre fille. Je crois que vous et moi aurions intérêt à causer au sujet de votre fille. Sachez qu'il n'était nullement question de maquillage : l'allusion aux cernes était un clin d'œil sarcastique que tous les élèves de la classe ont compris *à l'exception de votre fille,* qui se montre plutôt intelligente d'habitude. J'entrerai en contact avec vous très bientôt.

Merci,

Monsieur le prof

J'ai remis le billet à la « voix » avec un petit mot à son intention qui disait : « Remets ça à ta mère. Je passe l'éponge pour cette fois. Il y a eu malentendu. On repart à zéro. D'accord ? » Puis, sachant qu'il y avait neuf chances sur dix que le billet ne se rende pas jusqu'à maman, j'ai posté une copie à celle-ci.

Mais elle n'a pas répondu. La mère n'a jamais donné suite à l'incident. J'ai essayé de la joindre quelques fois au téléphone, j'ai laissé un message… en vain. J'ai finalement abdiqué. Pourquoi courir derrière une mère *drop-out* alors que mon propre destin de prof *drop-out* m'était déjà si lourd à porter ?…

L'anecdote a fait le tour de la salle de profs, à la suite de quoi une collègue est venue me dire : « Méfie-toi : la mère passe son temps à venir défendre sa fille au bureau du directeur. Presque tous les profs sont passés par là… »

Tiens, tiens, tiens… j'étais donc *le seul prof* avec qui sa fille avait des problèmes ?

Quand l'attitude laxiste et permissive d'un système incite les parents *drop-out* à jauger l'indiscipline de leurs enfants uniquement en fonction de leur parole, rabrouant celle du prof, c'est que le problème est endémique.

Et les cas comme celui de la « voix », hélas, ne sont pas exceptionnels.

L'Ode à l'ennemi

Il y a quelques années, je me suis fait indiquer la porte de sortie d'un collège privé pour avoir osé distribuer un corpus de poésie où brillait un poème plutôt subversif de Claude Gauvreau. Comble du ridicule, je n'avais jamais participé à la conception dudit corpus, qui avait été préparé un an avant mon arrivée ; je m'étais contenté de le distribuer aux élèves en me disant, à propos du concepteur : « Eh eh ! *L'Ode à l'ennemi…* j'ai un collègue bien hardi ! »

Mourez, vils carnivores, Mourez
Cochons de crosseurs de fréchets de cochons d'huile
[de cochons
de caïmans de ronfleurs de calices de cochons de
[rhubarbes de
ciboires d'hostie de bordels de putains de folles
[herbes de
tabernacles de calices de putains de cochons.

Évidemment, sans même que j'attire leur

attention sur ce « chef-d'œuvre » de la révolte, des élèves enthousiastes sont venus me voir.

« Monsieur, on a trouvé un bon poème dans le corpus : l'*Ode à l'ennemi*. Quand est-ce qu'on va le lire en classe ?

– Euh, bê, c'est-à-dire que...

– Vous aurez pas à le lire vous-même monsieur, on va le lire à voix haute.

– Bon, o.k. Mais vous me laissez présenter Gauvreau et faire une petite mise en garde avant. »

Le poème a été lu.

Certains ont ri, d'autres ont *trippé,* d'autres enfin ont trouvé ça complètement con. Mais je n'ai été témoin d'aucune scène d'indignation. Pas même un regard gêné. Personne ne s'est offusqué.

Pourtant, il a suffi qu'un parent *drop-in* un peu prude mette la main sur le poème pour que je me retrouve illico au bureau du directeur à me faire sermonner au nom de la moralité publique. (Parlant de moralité publique, précisons que le jugement de ce directeur est aussi peu crédible que celui d'un archevêque à l'époque de Louis XIV.) Bref, selon mon cher directeur, le parent offusqué est entré ce matin-là au collège avec l'intention bien arrêtée de me casser la gueule. Mais après avoir repris ses esprits, il s'est contenté de réclamer tout simplement ma pauvre petite tête.

« Heureusement que ce parent est tombé sur moi d'abord, parce que s'il t'avait vu, toi, il t'aurait foutu son poing sur la gueule.

– Ç'aurait été très chrétien comme comportement, mon père.

– C'est pas chrétien mais c'est moins immoral que ton poème.

– Vous trouvez ?

– Le parent nous a accusés d'avoir "violé moralement" sa fille, t'as pas l'air de comprendre ! »

Je n'ai pas rechigné longtemps. J'ai remis ma démission. Mais je n'allais certainement pas en rester là. Sortant mes bouquins de poésie, j'ai relevé des passages subversifs chez Villon, Baudelaire, Verlaine, Rimbaud, Apollinaire, Vian et compagnie, et j'ai pondu autour de ces irréfutables preuves une truculente lettre à l'intention du parent offusqué. Je n'y défendais pas vraiment la poésie de Gauvreau – qui, soit dit en passant, me laisse assez froid – mais, en gros, ça disait qu'enseigner la poésie en faisant abstraction de la puissante charge de révolte qui l'anime et qui a toujours été son moteur principal serait parfaitement inutile.

Ceux qui me connaissent savent à quel point je suis pudique ; pourtant cette lettre, quoique polie, transpirait la rage des poètes cités. J'en avais pour quatre pages. À la fin, je disais au parent de ne pas s'en faire avec la salubrité morale de sa fille, et que s'il voulait vraiment lui enseigner l'horreur du genre humain, il n'avait qu'à allumer la télé à l'heure du souper. Puis, je lui annonçais que je quittais le collège à la fin de l'année (n'était-ce pas ce qu'il avait réclamé ?), et concluais avec une invitation à déjeuner pour lui expliquer ma conception de l'enseignement. J'ai glissé le document sous la porte du « saint » office de notre non moins « saint » patron. Je n'eus de réponse ni du directeur ni du parent *drop-in.*

Quatre ans plus tard, alors que j'avais presque oublié l'incident, quelle ne fut pas ma surprise de constater que l'*Ode à l'ennemi,* ce poème si diabolique, garnissait bien tranquillement une anthologie de poésie québécoise… mise à la disposition des élèves d'une école internationale haut de gamme !

Le pouvoir que s'octroient les parents *drop-in* et *drop-out* dans nos écoles secondaires, par l'absence ou par l'abus de zèle, est une véritable plaie. Encore faut-il comprendre que « l'à-plat-ventrisme » des directeurs en est la cause première.

Dans l'incident du poème, le directeur a fait preuve d'hypocrisie et de lâcheté en pliant devant ce parent furieux. Dans l'incident de la « voix », la mère a péché par confiance aveugle et par immobilisme. Mais s'agit-il de cas isolés ?

Non. Malgré la protection syndicale dont jouissent la plupart des profs, tout porte à croire que non. (Il y a peu de protection contre des parents qui croient détenir tous les pouvoirs.) Dans la seconde anecdote, il est vrai que les mesures prises par mon directeur furent inhabituelles ; mais l'acte du parent offusqué, lui, ne le fut pas. Et les parents comme la mère de la « voix » pullulent. J'ai vu des cas similaires dans d'autres écoles ; et j'ai entendu nombre d'histoires d'horreur du même acabit colportées par des collègues.

Alors pourquoi des incidents pareils se produisent-ils ?

À cause de la mentalité des « droits inaliénables » et de la « protection de la jeunesse », que les parents *drop-in* et *drop-out* ont tendance à prendre au pied de la lettre dès que leur enfant sort de la maison.

Il est évident que les élèves abusent de certains droits ; il est évident aussi que certains parents se servent de l'arme des droits à leur profit. Plusieurs n'élèvent pas – ou très mal – leurs enfants, et conséquemment cultivent un sentiment de culpabilité dont ils n'hésitent pas à se décharger à la moindre occasion. Autrement dit, un parent conscient de son « absence » de la maison fera l'impossible, dans des situations conflictuelles hors foyer, pour montrer à son enfant qu'il est *de son bord*. C'est précisément ce qui s'est produit lors de l'incident impliquant la « voix ».

D'autres parents vaguement paranoïaques sont convaincus que l'école est infestée de démons (j'exagère à peine), et que leur enfant en est une éternelle victime.

Combien de fois ai-je vu des parents s'aventurer si loin dans le territoire du prof – voire dans son intimité –, puis en faire rapport aux autorités, que le prof se voyait contraint de s'expliquer, d'adoucir une punition, de modifier un plan de cours ou même d'accorder de discrets traitements de faveur à certains élèves !

Le problème, c'est qu'un parent qui décide de se prononcer sur des sujets auxquels il ne connaît rien sera toujours reçu par les autorités scolaires avec beaucoup de sérieux et de déférence, et son opinion, en fin de compte, risque de prendre des proportions démesurées. Tout cela sous prétexte que notre système est démocratique et que chacun a droit de parole – à plus forte raison le « payeur de taxes ». C'est précisément sur ce terrain-là que je décroche : cela entraîne des abus épouvantables. Il y a un manque flagrant de discernement chez certains parents, et les directions d'écoles font très peu pour contrer cela.

Après tout, dans notre monde – et l'école hélas n'y échappe pas –, le client a toujours raison.

J'ai vu des profs pleurer, faire des dépressions, remettre en question leur carrière à cause de parents intrus qui croyaient avoir pleins pouvoirs. J'ai même connu une mère qui venait se promener dans les corridors durant les heures de cours pour s'assurer que « ça travaille là-dedans » !

Le prof devrait être considéré comme un professionnel. Dans ma classe, il n'y a pas un parent qui va venir me dire quoi faire, et pas un directeur qui va se permettre de jauger la « moralité » du contenu de mon cours. On m'a engagé pour mes compétences : alors qu'on me laisse travailler. Je suis un professionnel. Je ne vends pas des *shoe-claques* : je forme la jeunesse. Nuance. Or pareille mission exige qu'on me foute la paix deux minutes et qu'on me laisse travailler comme un professionnel. Je suis bien sûr prêt à écouter les parents, cela va de soi. Mais en ce qui concerne mon travail de prof, je devrais être considéré comme *un vrai professionnel* qui sait ce qu'il a à faire et qui agit en conséquence. Dialoguer, oui (ça peut toujours être utile), mais me faire imposer une « moralité », me faire reprocher de punir des élèves et me faire dire comment répartir la charge de travail, *jamais* !

Le problème vient du fait que les profs du secondaire sont considérés par les parents et les directeurs comme de simples exécutants, et non comme des professionnels.

Observons l'exemple suivant : si je me fais construire une maison, ce sera moi qui choisirai la couleur, les matériaux, les ajouts, le constructeur, et si j'en ai les moyens, je pourrai même imposer les délais de construction. Ça, c'est ce qu'on appelle la loi mercantile. Le client paye, le client choisit. Va pour l'achat d'une maison. Mais la relation client/vendeur *ne devrait jamais* servir de modèle à la relation parent/prof ! L'école *ne devrait en aucune circonstance* s'inspirer des lois mercantiles pour définir les rapports entre les gens qui l'animent. L'école ne devrait jamais obéir aux diktats de la business. Car le parent et l'élève ne sont pas des clients, et le prof n'est pas un vendeur.

Les profs ont fait une grave erreur, après le rapport Parent, en se laissant bêtement appeler « enseignants ». Par définition, un enseignant, c'est quelqu'un qui enseigne, point à la ligne. Un prof – le mot le dit –, c'est un *professionnel* au même titre qu'un avocat, un notaire, un médecin, un ingénieur. Et le champ d'action, de compétence et de responsabilité d'un professionnel est nettement plus étendu que celui d'un simple « enseignant ».

Enseignant = exécutant. Prof = responsable.

Mais comme les profs ont tellement peur de réclamer la place qui leur est due dans la société, ils acceptent bêtement d'être relégués au rang de simples « enseignants/exécutants ».

S'ils étaient reconnus comme de véritables professionnels, jamais un parent comme la mère de la « voix » n'aurait fait montre d'autant de complaisance envers les manquements de sa fille. Et jamais un parent n'aurait eu la tête d'un prof à cause d'un corpus de poésie.

Le prof devrait redevenir la référence suprême à l'école, l'autorité, bref le « maître ». Et l'on devrait apprendre aux parents à respecter certaines règles. Autrement dit, il devrait exister un code (implicite) du parent de la même façon qu'il existe un code de l'élève. Il y a de l'ordre à mettre dans la circulation scolaire : et ça passe par une réappropriation de *tous* les pouvoirs en classe *par les profs* et les profs seulement.

Je sais, je sais : vous allez tous me parler des abus d'autrefois, des agressions sexuelles, de la violence psychologique et physique, et vous allez agiter le spectre de la série *Les Enfants de Saint-Vincent,* ou celui des enfants de Duplessis… Vous avez raison, il y a eu des abus, nul n'en disconviendra. Alors, je vous arrête tout de suite : loin de moi l'idée de proposer un retour intégral à la loi du silence de jadis, qui était tout aussi extrémiste que l'attitude envahissante et plénipotentiaire des parents d'aujourd'hui. Ce qu'il faut faire, c'est se réapproprier *l'esprit* de l'école d'autrefois : prof = boss de la classe, parent = boss à la maison, tout en conservant certains mécanismes permettant de se prémunir contre les abus. Des profs qui abusent de leur pouvoir, il y en aura toujours, soit ; mais qu'on nous fiche un peu la paix avec les téléséries sur le Québec d'autrefois où l'enfant était un moins que rien dont on faisait ce qu'on voulait. Allumez, bon sang ! Non seulement nous ne sommes plus dans ce Québec-là, mais nous en sommes carrément aux antipodes : l'élève est roi et maître, il est surprotégé par toutes sortes de chartes des droits bidon et de déclarations machin, par des bien-pensants qui ameutent le peuple à la moindre incartade et par des parents incapables d'élever leurs enfants.

Au XXe siècle, nous avons expérimenté à ce chapitre les deux extrêmes : l'effacement des parents devant la toute-puissante école, puis l'envahissement des parents par leur absence ou leur abus de zèle. Pourquoi aujourd'hui ne rechercherions-nous pas un certain équilibre ?

Autrement dit, il faut remettre les parents, qu'ils soient *drop-in* et *drop-out*, à la place qui leur revient et continuer de les inciter à participer à la vie de l'école *là où ils peuvent réellement être utiles* : en aidant les enfants à faire leurs devoirs, en les encourageant, en participant aux assemblées de parents, en participant à certaines activités parascolaires ou à certains projets spéciaux, etc.

Depuis plusieurs années, l'attitude revendicatrice et protectrice des parents nuit considérablement au bon fonctionnement de nos écoles. Si cette attitude a peut-être permis de démasquer quelques profs un peu cinglés, en revanche combien d'obstacles a-t-elle placés sur la voie de l'apprentissage ?

À ceux qui prétendent que c'est quantité négligeable, je répondrai qu'il s'agit là au contraire d'une des causes majeures d'écœurement des profs.

Les profs veulent bien accepter d'être un peu envahis. Mais que ce soit par leur travail, pas par les parents.

4

Les élèves :
petits rois déchus

Cette jeunesse est pourrie jusqu'au fond
du cœur. Les jeunes sont méchants et
paresseux. Ils ne seront jamais comme
autrefois et ne pourront jamais maintenir
notre culture.

Sur une amphore babylonienne,
3 000 ans avant Jésus-Christ.

Corrigeons tout de go cette assertion : les
êtres humains – pas seulement les jeunes
– *peuvent* être méchants et paresseux. Et c'est
sans doute pour cela que la culture babylonienne a disparu, ce qui est parfaitement normal en regard de l'histoire. Un empire aussi
puissant ne pouvait pas durer. De toute façon,
aucun empire ne dure.

Vous connaissez le syndrome du château de sable ? Vous savez… on passe des heures à bâtir un château au bord de l'eau, puis quelques instants à le contempler, et, enfin, une fraction de seconde à le détruire d'un jouissif coup de pied en plein centre…

Ainsi, la jeunesse dont il est question dans le message de l'amphore n'a pas su maintenir la culture babylonienne, comme notre jeunesse à nous ne maintiendra certainement pas la nôtre. Où est le problème, dites-moi ? Sommes-nous à ce point devenus amateurs de sarcophages ? Nous comprenons tellement mal le langage des jeunes ! Car le propre de la jeunesse *n'est pas* de maintenir quoi que ce soit, si grandiose cela soit-il : c'est plutôt de transformer la réalité à la mesure de ses rêves.

Mais naturellement, l'adulte se méfie de sa progéniture : il essaye de l'apprivoiser et de lui faire accepter son monde tel qu'il est afin que cette créature sauvage ne le métamorphose pas au point de lui faire perdre toute attache. Pourtant les jeunes, au contraire, *souhaitent* cette métamorphose, et ne travaillent qu'en fonction de son accomplissement. Voilà toute la dualité, voilà toute la dynamique ; et ça s'appelle simplement le conflit des générations.

Alors, quand on nous parle de sauvegarder ou de maintenir une culture, quelle qu'elle soit, je vous avoue franchement que je ne comprends pas… Il s'agit là d'un langage « adultement » orienté qui n'a rien à voir avec la perception adolescente de l'évolution. N'importe quel « jeune », d'ailleurs, vous dira qu'il n'en a rien à glander de nous « maintenir ». Il veut évoluer. Parlez-lui plutôt de faire évoluer notre culture : alors ses yeux brilleront. Tout est dans la perspective, dans les lunettes qu'on porte au bout du nez.

Cela étant dit, je ne suis pas prêt à affirmer que notre jeunesse est pourrie. Mon point de vue est que les circonstances la pourrissent certes un peu. Et ça, les jeunes n'y peuvent rien. Nous, par contre, les vieux cons d'adultes, y pouvons sans doute quelque chose. Mais quoi ?

Un adolescent, après tout, restera toujours un adolescent. Le petit cravaté de 1940 qui allait à la messe tous les dimanches n'était ni meilleur ni pire que nos petits drogués de télé qui bumment dans les bars le samedi soir. C'est le contexte, souvent, qui fait la personne. Et si notre jeunesse *n'est pas* intrinsèquement pourrie, en revanche le monde qui la forme l'est sans doute un peu. Alors soyons ouverts, lucides, responsables, et assumons notre déclin en constatant l'étendue des dégâts dans toutes les sphères de la dignité humaine : famille, spiritualité, religion, État, sexualité, éthique…

Et une fois les dégâts constatés, de grâce, n'en restons pas aux lamentations : luttons contre ce déclin qui pervertit la jeunesse en lui ravissant ses rêves.

Là-dessus, je suis convaincu qu'il y a encore quelque chose à faire. Permettez-moi d'appuyer ma prétention sur cette réflexion d'un autre ancêtre (qui a vu les camions passer) :

La jeunesse a pour caractère distinctif d'être remplie de désirs… Mobiles dans leurs désirs et prompts à se dégoûter, les jeunes désirent avec une extrême ardeur et se lassent non moins vite.

ARISTOTE, 320 av. Jésus-Christ

Voilà le défi : éviter que les jeunes ne se lassent de tout trop vite.

À l'heure actuelle, l'impression que j'ai, c'est qu'à douze ou treize ans, beaucoup de jeunes sont déjà complètement désabusés, comme je me suis évertué à le démontrer précédemment. Or, l'école faillit quotidiennement à sa tâche de ce côté. Voyons comment.

La société des droits

D'abord, est-il nécessaire de le rappeler, tout le problème vient de l'attitude des élèves, attitude qui émane des valeurs qu'on leur inculque partout : celles de la société des droits. Pour eux, c'est évident, tout relève d'un droit. Et malheur à l'adulte qui tentera de remettre en question ses droits.

Eh bien moi, je les remets en question, ces droits.

Dans une salle de classe, le « jeune » ne devrait avoir, selon ma modeste expérience, qu'un seul droit fondamental : celui de *la fermer pendant soixante minutes,* et de réagir si je le sonne.

Point.

Je ne veux rien savoir du reste. À prime abord, ça ne m'intéresse pas et, en tant que prof, les *feelings* des élèves par rapport à ce que je leur enseigne ne doivent pas m'intéresser. De toute façon, je les sais et je les devine, ces *feelings*. (Un vrai prof est capable de tout voir et de tout sentir.) Si je m'intéressais à leur perception de ma matière, j'orienterais mon discours en fonction de cette perception et plongerais radicalement vers le nivellement par le bas – ce que je me suis toujours gardé de faire. Jamais mes élèves n'auraient pu lire Hugo, Voltaire, Racine, Saint-Exupéry, Camus et compagnie avec autant d'acuité si je m'étais d'abord penché sur leur perception de la chose littéraire. En fait, si je m'y étais attardé, ils n'auraient jamais ouvert un seul livre « substantiel », comme c'est le cas dans combien d'écoles du Québec...

L'élève va à l'école avant tout pour s'acquitter de son devoir fondamental : apprendre. Sûrement pas pour revendiquer ses droits. En cinq ans, pourtant, ce n'est pas ce que j'ai vu. Selon la mentalité actuelle de notre système d'éducation, le prof doit rendre compte de tout ce qu'il fait et dit en classe, et doit en plus justifier chacune de ses interventions. Il ne se trouve pas meilleur policier qu'un élève malin revendiquant ses droits. Vous me trouvez suspicieux ? Rappelez-vous que la jeunesse d'aujourd'hui est héritière de l'esprit de la commission Parent, qui est allée jusqu'à prôner le syndicalisme étudiant : « Le syndicalisme étudiant s'inscrit très bien dans le cadre de l'enseignement actif que nous avons prôné, c'est-à-dire d'un enseignement dans lequel le dialogue occupe une place centrale[1]. »

No comment.

Si j'annonce, par exemple, qu'il y aura un examen la semaine prochaine, soyez assurés qu'une main tendue vers l'azur s'y objectera.

« Vous l'aviez pas annoncé, monsieur !

– Je l'annonce.

– C'est ben'k trop tard. »

Plus malicieusement, un autre pourrait m'objecter, par exemple :

« On a déjà trois examens la semaine prochaine.

– M'en fous, les petits. Examen il y aura. »

À l'occasion d'une composition, si j'ai le malheur par exemple de leur expliquer que mes exigences sont plus élevées que celles du ministère, je suis sûr d'entendre quelque chose comme ceci :

« C'est con d'abord, pourquoi on fait ça ? »

Que voulez-vous, ils l'ont dans les veines : ils répondent. Tout naturellement. Pour eux, répondre est un droit acquis.

Vous dites que je n'ai qu'à être plus sévère ? À faire la sourde oreille ? À punir tout abus de vocabulaire ?

Ce n'est pas si simple. À la maison, ils sont déjà habitués à répondre à leurs parents. Faites l'expérience un soir : regardez l'émission *Watatatow* (ou toute autre « œuvre » du genre), et observez le sans-gêne des ados qui répondent à leurs parents. C'est hallucinant, et ce n'est qu'un pâle reflet de la réalité.

Lutter contre les mœurs barbares des élèves à l'école est un défi surhumain. Si un prof a le malheur d'exiger qu'un élève parle clairement, qu'il articule et qu'il fasse preuve de concision, de respect et d'économie dans ses interventions, il risque de heurter un mur de béton. Certains profs ont même passé vingt, vingt-cinq, trente ans à se cogner ainsi contre des murs. Ils sont beaucoup plus résistants que moi. Les autres profs – la vaste majorité – abdiquent assez tôt : ils «font avec» et assistent impuissants au triste spectacle de leur flamme qui vacille.

Autrefois, à l'époque des collège classiques, la barre de l'interdit était très haute. Trop haute sans doute. Mais ça fait trente ans qu'on l'abaisse et j'ai nettement l'impression qu'elle est maintenant au niveau du plancher. Vous ne pensez pas que ce serait une bonne idée, peut-être, de la ramener à mi-chemin ?

Après tout, qui sont les élèves qui interviennent régulièrement en classe pour dire des âneries ? Neuf fois sur dix, ce sont des élèves médiocres. Et qui sont ceux qui essaient constamment de «fourrer» le système, et qui y parviennent avec une efficacité stupéfiante ? Idem. Les « bons » élèves, eux, se manifestent généralement assez peu. Dans leur mutisme, il m'a d'ailleurs toujours semblé ressentir leur profond mépris du cirque de l'école. Le mépris du mépris de leur intelligence, en quelque sorte. En d'autres mots, les âneries des élèves médiocres incitent les forces vives de notre jeunesse à dire non à l'école. Après tout, si la société invite les imbéciles à s'exprimer ouvertement et protège les fraudeurs, voyez-vous une bonne raison pour laquelle une salle de classe ne serait pas à son image ?

Démocratie et droit de parole obligent, paraît-il.

Il y a quelques années, j'avais un élève qui ne foutait rien et qui, ô coïncidence, « s'exprimait » beaucoup. Il accumulait les retards. Il échouait. Un petit fanfaron. En compilant mes notes à la fin d'une étape, je me suis rendu compte qu'une composition manquait à son dossier. Comme je n'avais pas vu cela plus tôt, aux yeux de notre « système » c'était moi le responsable, et non lui. « Un accusé, dit le Code pénal, est présumé innocent jusqu'à ce qu'on ait établi hors de tout doute sa culpabilité. »

Autrement dit, si le prof dans ces cas-là se rend compte immédiatement qu'il y a erreur ou absence de note, il n'a qu'à harceler un peu son élève et après quelque temps, si celui-ci ne lui a toujours rien remis, le prof peut lui flanquer un zéro. Mais dans le cas que je vous expose ici, bien que j'aie été fautif de n'avoir pas vérifié mes bulletins de notes avant la fin de l'étape, je savais très bien que l'élève en question n'avait jamais remis de texte, et j'étais déterminé à lui mettre zéro malgré mon erreur, ma distraction, ma négligence. De toute façon, s'il m'avait vraiment remis son texte, je m'en serais souvenu : il s'agissait d'une dissertation de trois pages exigeant une correction d'une vingtaine de minutes. Je ne pouvais pas non plus avoir égaré sa copie : les élèves m'avaient remis leurs textes à la fin d'une période, je les avais emportés dans la salle des profs, puis je les avais mis dans un classeur verrouillé. Et jamais je n'ai sorti une seule copie de la salle des profs, où j'ai fait toutes les corrections.

Je suis donc allé le voir.

« Sam, tu ne m'as pas remis ta composition n° 3, regarde, je n'ai pas de note ; et je ne me rappelle pas avoir lu ton texte. Ça fait déjà un mois que j'ai remis les copies corrigées : explique-moi donc pourquoi tu ne m'as rien dit ? »

Il est resté muet dans l'espoir de me voir forcé de mettre sur le compte de ma distraction ce petit « oubli » – distraction à laquelle il espérait sans doute me voir remédier en lui accordant la moyenne du groupe. Il ne répondait toujours pas, et prenait ses airs de grand perturbé.

« Alors, Sam, es-tu prêt à reconnaître que tu n'as pas fait cette dissertation ? »

À ce moment-là il est enfin sorti de sa torpeur, et j'ai alors assisté au spectacle subtil et grandiose de la vierge offensée. (Plus comédien que ça, tu t'appelles carrément Benoit Brière.)

« Quoi ! *Moi,* monsieur, je vous ai pas remis mon texte ? Demandez à xxxxxxx, ou à zzzzzzzz, ils vont vous le dire : ils m'ont vu la faire, ils m'ont même aidé pour certains mots ! »

Oups, dérapage… légère entrave à la

procédure : le fraudeur était prêt à reconnaître avoir *un peu* triché (en profitant de l'aide de ses pairs) pour se donner un fond de crédibilité, à la manière des petits pécheurs (faussement) repentants qui s'accusent de peccadilles dans le but de camoufler leur vrai crime.

Puis il a fait une véritable tempête, me menaçant d'aller se plaindre au directeur, d'alerter sa mère, etc. Le drame shakespearien, quoi.

Comme je savais qu'il ne mettrait pas tout de suite ses menaces à exécution, je l'ai donc devancé au bureau du d.g., à qui j'ai expliqué le cas en détail. Ce dernier a reconnu avec moi que l'élève en question était un fraudeur notoire et il ne mettait aucunement en doute mes raisons de vouloir lui foutre un zéro. Mais (car il y a toujours un « mais » dans ces cas-là)… mais c'était le deuxième bulletin, celui qu'on devait envoyer au cégep, et, m'a-t-on expliqué, « l'affaire » pourrait être sérieuse, car sans la note de dissertation, le fraudeur se retrouvait avec un 38 % en français écrit… Bref, on m'a fait entendre « raison » : mieux valait lui attribuer la moyenne du groupe que de provoquer un esclandre dont nous – le directeur et moi – risquerions de sortir perdants. Autrement dit, le d.g. savait que l'élève avait le droit de contester tout cela en « haut lieu », puisque je n'avais pas de preuves concrètes pour soutenir ma dénonciation, et il craignait d'y perdre des plumes.

Un scandale. J'ai finalement dû abdiquer, au grand désarroi (silencieux) de la majorité des élèves, qui attendaient depuis longtemps le jour où ce fraudeur se ferait pincer. Il a eu 68 %, la moyenne. Essayez d'imaginer le message que les élèves honnêtes – c'est-à-dire la majorité parfaitement consciente du jeu qui se joue dans son dos – ont décodé à l'occasion de cette erreur judiciaire : le système protège les fraudeurs parce qu'ils font du bruit et qu'ils sont susceptibles de déranger quand ils sont insatisfaits, et nous, pauvres et candides idiots, nous nous les cassons à respecter des consignes bidon.

En principe, selon la loi du gros bon sens, j'aurais dû pouvoir témoigner de mémoire dans un cas comme celui-là afin de justifier un zéro. Oh que non. Dans notre système, il faut fournir des preuves aux élèves, aux parents, aux directeurs. En effet, imaginez la réaction d'un parent qui voit son rejeton refusé au cégep à cause d'un 38 % en français écrit… Ça gueule fort, un parent. Ça revendique, un parent. Et dans des cas comme celui-là, ça croit son enfant sur parole.

« Il m'a dit qu'il vous l'a remis, que vous avez dû le perdre… Avez-vous une preuve du contraire ? Comment pouvez-vous l'accuser sans preuve ? »

Je l'accuse parce que je sais ce que je fais, madame : je le connais, votre petit ange. Il ne fout rien. Et il pue la mauvaise foi jusqu'à Valleyfield. Je peux même vous en dire plus : il n'a jamais lu le livre qui faisait l'objet de la dissertation. Regardez ses notes aux contrôles de lecture : 2/15, 7/15 (avec un peu d'aide du voisin peut-être ?), 3/15. Vous pensez vraiment que je vais croire qu'à deux jours de la compo, il s'est mis à lire la brique de 400 pages ? S'il vous plaît, madame, cessez de me prendre pour un colibri.

Parallèlement à cela, un autre problème se pose : quelle que soit la hauteur de la barre, quel que soit le seuil de tolérance qu'on lui imposera, l'élève malin finira toujours par trouver le moyen d'embêter son prof autrement qu'avec des mots ou des gestes. Ça s'ajuste vite, un « jeune ». Ça joue de finesse. Et dans un contexte permissif, les élèves malins pullulent. Par exemple, si un prof ne tolère aucune récrimination verbale, aucun commentaire déplacé et aucun humour en classe, il va rapidement se buter à des regards chargés d'indifférence, ou si vous préférez, à des attitudes de vaches brouteuses.

Tout le problème est là : c'est l'élève qui décide s'il accepte le prof ou s'il va lui en faire baver ! Les élèves attendent que les profs les gagnent à leur cause, et c'est nous, les humbles vermisseaux, qui devons aller chercher nos clients dans le fond de leur « moi-même personnel ». Autrement dit, les élèves se comportent à l'école comme des clients en relations d'affaires.

« Mon père paye assez cher de taxes de même, bonhomme… ! »

Alchimie

Mon énergie, je l'ai surtout employée à observer le comportement de mes élèves et à faire des expériences. Mon but était de parvenir à trouver le juste milieu entre le prof militaire et le prof cool, et d'y ériger les bases de ma « pédagogie » afin de pouvoir fonctionner dans cette jungle. À ma troisième année, ça y était : le dosage idéal fermentait. En bon alchimiste, je me suis alors mis en route vers le polissage final, et pendant mes deux dernières années, la caravane se mouvait d'elle-même, grâce à cet équilibre.

Mais voilà, aujourd'hui je suis épuisé : car le hic, dans notre système actuel, c'est que le maintien d'un pareil équilibre « alchimique » pendant les trente ans que dure une carrière relève d'un exploit homérique, que seule une poignée d'individus bioniques arrivent à accomplir.

Qu'on me comprenne bien, je ne regrette pas tous les efforts qui m'ont permis de trouver ce « juste milieu » ; cependant, je trouve *scandaleux* qu'on en soit rendu à lancer uniquement les profs sur la piste de cette pierre philosophale *et non les élèves*. Les profs, pour sauver leur peau, sont obligés de multiplier les efforts d'adaptation et les séances d'observation, alors que les élèves, eux, attendent indolemment qu'on vienne les nourrir. Pourquoi ne réclamerait-on pas d'eux qu'ils fassent aussi leur effort homérique, et qu'ils cherchent eux-mêmes à trouver leur juste milieu et leur équilibre en tant qu'élèves ? Pourquoi les profs devraient-ils s'ajuster à leurs élèves alors qu'on exige si peu de ceux-ci ?

On demande aux profs d'être parfaits, rien de moins. On leur demande de tout faire pour les élèves, comme la maman oiseau qui mastique la bouffe pour ses oiselets. On leur demande d'être jeunes de corps et d'esprit, compétents, paternels et maternels, psychologues, travailleurs sociaux, grands frères ou grandes sœurs, fans de Jim Morrisson et héritiers spirituels des jésuites, et quoi encore ! Je veux bien m'adapter... un peu. Je veux bien faire l'effort de considérer que les groupes et les individus ne sont pas tous pareils... un peu. Je veux bien me montrer le plus polyvalent et le plus malléable possible. Mais la situation dans les écoles est à ce point lamentable qu'on exige de moi, en tant que prof, beaucoup plus que ce que je peux donner. Alors permettez-moi de hurler : avec les conditions de travail qu'on offre aux professeurs, je peux vous assurer que les gens assez talentueux et assez ambitieux pour satisfaire à toutes ces exigences préfèrent se retrouver ailleurs que dans l'enseignement au secondaire. S'il est possible que de telles personnes existent !

Il est temps de lancer les élèves sur la piste de la pierre philosophale, et de laisser les profs enseigner, tout simplement. Ce sont les élèves qui doivent se mettre au diapason des profs, pas le contraire. Plus on avance dans le temps, hélas, plus on s'enlise à cet égard.

Quand j'étais élève, les professeurs qui

m'ont le plus marqué étaient ceux qui ne cherchaient pas à nous atteindre : c'étaient plutôt nous qui, fascinés par leur personnalité, allions chercher ce qu'ils avaient de meilleur à nous offrir. Nous les forcions à se surpasser parce qu'ils ne méprisaient ni notre intelligence, ni notre besoin de rêver. Ils ne nous demandaient pas notre avis avant de nous brasser la cage, ni avant de nous faire travailler, ni avant de nous imposer leurs balises. Ils ne cherchaient pas la pierre philosophale : *nous* allions la chercher, conformément à *leurs* directives et à *leur* personnalité.

Curieusement, il me semble que nous y prenions même un certain plaisir.

Un chausson avec ça…

Un devoir semble long ? Vous pouvez être sûr d'entendre :

« Heille, wow là monsieur, on n'a pas juste ça à faire nous autres ! »

Non, c'est vrai, vous n'avez pas juste ça à faire. Vous avez vos chums à voir ; votre téléphone à user ; des heures de télé à vous végétaliser ; des shows à *trasher* ; et surtout, des heures à *flipper* des burgers au salaire minimum chez MacDo.

Voilà une autre facette du problème des élèves au secondaire : le travail rémunéré. Objectez-leur qu'ils se brûlent à force de faire quinze heures/semaine au *fast food* du quartier : ils vous riront en pleine face. Leur réponse est déjà prête, comme leur *fast food*.

– Ouin mais mossieu, c'est pas tout le monde qui est riche. Y en a beaucoup qui sont obligés de travailler.

Faux.

C'est un des plus gros mythes à l'école secondaire. Et les profs, ces pauvres andouilles, cautionnent ça. Les élèves d'aujourd'hui n'ont pas plus besoin de travailler que ceux de 1940. En fait, il me semble qu'ils en ont moins besoin, en règle générale. Mais notre société de consommation leur martèle qu'ils ont absolument besoin de tel gugusse, de telle patente, de tels machins… Alors, ils travaillent.

D'accord. S'ils veulent travailler, qu'ils travaillent. Mais qu'ils ne viennent pas brailler s'ils ont des besoins à combler : ces besoins, ils se les sont eux-mêmes créés à la mesure des impératifs économiques actuels. Vous seriez abasourdis de constater le pouvoir d'achat dont disposent les moins de dix-huit ans.

Que voulez-vous : il faut bien que l'économie roule… et que l'école se fasse rouler un peu.

Les élèves qui travaillent pour assurer leur survie sont très peu nombreux dans notre pays. Le tiers-monde, à ma connaissance, est encore assez loin. Malgré cela, dès le secondaire quatre, le travail rémunéré est depuis plusieurs années une véritable plaie dans nos écoles. Dans mes classes, pendant cinq ans, environ 40 % de mes élèves travaillaient à l'extérieur, dix, quinze, vingt heures par semaine et parfois plus.

Ça n'a aucun sens.

Il est vrai que certains élèves doués sont capables de le faire : mais ils ne représentent pas plus de 10 % de la population étudiante. Ça veut dire que deux ou trois élèves par classe seulement peuvent se permettre – intellectuellement, physiquement et émotivement – de maintenir le rythme infernal imposé par la combinaison travail/études. L'ennui, c'est que ces fameux élèves supersoniques donnent le ton aux élèves moyens, qui sont incapables de les suivre. Or, aux yeux de notre société techno-speed, ces élèves supersoniques sont des modèles à imiter. Ils sont valorisés. Ils produisent. Ils peuvent se gaver de bébelles tout en battant des records à l'école. Alors, les autres, inexorables moutons, essaient de les suivre. Eux aussi veulent un walk-man. Eux aussi veulent aller skier à Tremblant de temps en temps. Eux aussi veulent sortir dans les places *hot*. Eux aussi veulent un c.v. présentable. Normal. Mais ils n'y arrivent pas, et incapables de (bien) faire les deux, ils sacrifient leurs études au profit de la piastre.

En secondaire quatre et cinq – deux années cruciales sur le plan du développement de la pensée –, mes classes étaient amputées au moins du tiers de leur potentiel de concentration. Et j'ai été plutôt chanceux, car il y a pire ! À Granby, par exemple, un sondage mené l'an dernier a révélé que « 63 % des élèves de cinquième secondaire travaillent plus de 20 heures

par semaine[2]. » Résultat ? Ça donne des élèves
qui font leurs devoirs à moitié, ou pas du tout ;
ça donne des élèves qui te dorment en pleine
face ; ça donne des élèves qui se concentrent
difficilement, qui s'alimentent mal, et qui n'ont
pas le temps de faire du sport ; ça donne surtout des élèves qui voient très tôt la couleur de
l'argent, et qui évacuent le sens réel de l'école.
Bref le triomphe de l'appât du gain.

« Pourquoi j'irais à l'école si je peux
faire deux cent cinquante par semaine chez
MacDo ? »

Et là, on s'escrime à leur expliquer que
l'éducation ne se monnaye pas, que le savoir
est une richesse, et qu'à leur âge, le cerveau est
plus réceptif, et qu'il leur faut en profiter… Ils
s'en fichent d'aplomb. À court d'argument, on
se résout finalement à leur dire que, en étudiant, ils feront peut-être six cents dollars par
semaine, alors que sans études supérieures, ils
risquent de plafonner à trois ou quatre cents.
Alors, on a un peu honte de soi : on vient de
jouer le jeu de l'élève, le jeu de la société de
consommation. On lui a servi l'argument le
plus bassement vénal.

Il y a pire encore. Aux États-Unis, un programme intitulé *Learning by earning* a été créé à
l'instigation du « sympathique » président de
la Chambre des représentants, Newt Gin-
grich : pour chaque livre lu, l'élève reçoit deux
dollars. À Memphis, on donne aux élèves
ponctuels des jetons qu'ils peuvent ensuite
échanger contre des téléviseurs, des lecteurs

laser et des vélos. Pizza Hut est aussi entré dans la valse de l'apprentissage rémunéré : pour « x » livres lus chaque mois – avec signature du prof –, l'élève gagne une pan pizza gratuite ! Eh hop ! Vive la culture ! Au dire de certains profs, il n'est pas rare de voir des élèves entrer en classe en bâillant parce qu'ils ont lu toute la nuit pour atteindre leur « quota » de livres/pizza. Voici ce qu'on lit sur le coupon de participation de Pizza Hut : « Félicitations ! Tu as atteint ton objectif de lecture pour le mois, et tu as droit à une pan pizza dans n'importe quel restaurant Pizza Hut participant. Savoure-la car tu l'as bien méritée. Encore bravo pour ta performance ! »

Toujours ce mot, « performance ». On imagine les élèves se bourrant le crâne avec n'importe quelle lecture bidon pour ensuite aller se bourrer la fraise avec du *fast food* indigeste. Chouette. Voilà ce qui arrive à l'école moderne quand elle se règle à l'heure mercantile. Relisez le coupon de participation, et dites-moi ce qui vous apparaît le plus appétissant : la lecture ou la pizza ?

Et ça, les amis, ça se passe chez nous, au Québec.

Je ne comprends pas : il y a trente ans, on s'est doté d'un système d'éducation super musclé, gratuit, avec des effectifs inépuisables, des équipements modernes, des locaux aérés, des « spécialistes » de ci et de ça, etc., pour en arriver là ? Pour s'accrocher à l'argument de la piastre que feront (peut-être) ceux qui continueront d'étudier ? Pour les motiver à lire pour de la bouffe gratuite ?

Exit la curiosité. Exit le rêve. Exit le monde meilleur. Bienvenue la *piasse*. Et le pire dans tout ça, vous le savez ? C'est que ça marche. Dans certains milieux aisés, c'est même le seul argument solide.

« Tu me garantis une job qui va me payer cinquante mille, j'écoute ton cours. »

On n'est pas loin de la caricature, je vous jure.

Alors, que fait-on de ce fléau ? On légifère. Comme on a légiféré il y a cent ans pour empêcher les patrons des manufactures de coton de brûler notre jeunesse en imposant leurs lois de mégalomanes fous. On limite le nombre d'heures de travail par semaine pour tout jeune de moins de dix-huit ans. « L'école est obligatoire jusqu'à seize ans », dit la loi : eh bien, soyons conséquents avec l'esprit de cette loi et tolérons quatre heures au maximum de travail rémunéré du lundi au vendredi, six heures au maximum le week-end. Ça laisserait quand même un jeu de dix heures (au maximum) pour ceux qui en ont vraiment besoin. Il y en a.

Il faut que ce principe soit maintenant intégré aux mœurs scolaires québécoises : tant qu'un élève sera à l'école secondaire, ou qu'il n'aura pas atteint dix-huit ans, on devra lui imposer un plafond d'heures de travail. Un genre de ticket modérateur du *burger flipping*. Une expérience dans ce sens a d'ailleurs été tentée à Saint-Jérôme, et couronnée de succès : « On demande aux employeurs non seulement de respecter les heures de classe, mais de ne pas faire travailler les élèves plus de 15 heures par semaine, et jamais la nuit[3]. »

Dans une édition récente du journal *Les Affaires,* Jacques Dufresne s'est montré encore plus revendicateur : « Le travail à l'extérieur pendant les études devrait être le fait d'une petite minorité et n'être justifié que par la plus stricte nécessité. Dans tous les cas, il devrait être limité à un maximum de 10 heures par semaine[4]. »

Évidemment, on va entendre plein de monde chialer, à commencer par les élèves. Les Claire Lamarche et autres Jean Cournoyer vont en avoir plein leurs tribunes ; et plusieurs personnes, bien entendu, vont crier au scandale, à la dictature, au communisme, etc. Préparons-nous à affronter une pléthore de bombes argumentatives. Mais bon Dieu de bon sang, faisons quelque chose pour éviter que notre jeunesse ait de gros signes de piastres gravés dans les yeux, et plein de cernes juste en dessous.

Là où devrait plutôt briller le rêve.

Se foutent-ils vraiment de tout ?

Malgré les reproches que je leur ferais volontiers, jamais je n'accepterai qu'on dise des jeunes qu'ils sont « pourris jusqu'au fond du cœur », et ce quelle que soit l'époque. J'en veux pour preuve l'anecdote suivante.

J'étais malade ce jour-là. Il y avait un examen de lecture. Une suppléante avait administré le contrôle à ma place. Ignorant que les élèves n'avaient pas le droit de se servir du livre, elle n'a donné aucune consigne en ce sens. Ils s'en sont donné à cœur joie.

Deux jours plus tard, j'ai corrigé. C'était fort. Très fort. Beaucoup trop fort. J'ai appelé la suppléante : elle m'a confirmé la source de tant d'érudition : « La plupart ont fait le test avec le livre. » Oh oh… Je n'allais certainement pas manquer une si belle occasion de leur brasser la cage… De retour en classe, j'ai contre-attaqué :

« Vos réponses, chers petits, sont trop précises. Les notes sont trop élevées. Y a des petits malins qui ont triché. La moitié de la classe au moins. Alors, j'attends.

– Vous attendez quoi, monsieur ?

– J'attends que vous vous dénonciez vous-mêmes. »

Pas un mot. J'étais pourtant très sérieux. Des yeux.

« Je vais maintenant vous regarder un à un, longuement, dans le noir des yeux ; et votre pupille va me dire si vous avez triché ou non. »

Je n'avais aucune idée de ce que je faisais. Mais tant qu'à expérimenter, aussi bien y mettre le paquet. Un après l'autre, je les ai dévisagés avec sévérité. Ce petit jeu a dû durer une vingtaine de minutes.

« Je suis pas pressé, les petits. On peut rester toute la soirée s'il le faut.

– Mais on a des autobus à prendre, monsieur.

– Raison de plus pour vous déniaiser au plus vite. »

Ç'a pris cinq autres minutes avant qu'une jeune pénitente confesse finalement son (odieux) crime.

« Moi, monsieur, j'ai regardé dans le livre ; mais c'est pas notre faute, la suppléante a rien dit !

– Voilà un premier pas ; mais c'est insuffisant. J'attends toujours. »

Une autre a ajouté ceci à son auto-incrimination :

« Moi aussi monsieur, j'ai regardé dans mon livre. Et j'avoue que c'est ma faute parce que tout le monde sait que dans votre cours, on fait jamais les tests avec le livre.

– Voilà un aveu complet. Bravo. Sois fière. D'autres ? »

Pas un traître mot.

« Bon. Puisque c'est comme ça, vous allez sortir une demi-feuille mobile, vous allez écrire votre nom, et comme en-tête : *Le Survenant, contrôle n° 2.*

Ils étaient convaincus qu'on s'en allait en prolongation.

« Des banques d'examen épaisses comme ça, j'en ai en masse (c'était faux), mais ça ne m'intéresse pas. Ça ne réglerait pas notre problème. »

Certains commençaient à être désarçonnés.

« Maintenant, vous allez vous-mêmes vous évaluer. Sur quinze points. Vous vous mettez une note. »

J'ai eu droit à vingt-quatre paires d'yeux exorbités.

« Vous vous mettez une note sur quinze en fonction de ce que vous auriez eu, à peu près, à cet examen. Vous vous connaissez mieux que moi. Vous seuls pouvez évaluer le sérieux que vous avez mis à préparer ce contrôle.

– Mais monsieur, c'est pas juste, ceux qui ont triché, ils vont se mettre des grosses notes !

– Ceux qui ont triché, je compte sur leur honnêteté pour qu'ils se mettent zéro, évidemment. Je vous fais confiance. Ce sera votre châtiment.

– Ça veut dire quoi, « châtiment » ?

– Ça veut dire que je vous fais confiance, jeunes fripons, pour faire vous-mêmes le ménage dans votre petite conscience ! »

J'en ai entendu un murmurer :

« Ça va être le party, *man*. »

Alors, j'ai ajouté :

« En dessous de votre note, juste en dessous, vous écrivez "test d'honnêteté et d'estime de soi". Et vous signez. Je vous fais entièrement confiance. Mais avant de choisir votre note, rappelez-vous ceci : la confiance, ça se gagne lentement, et ça se perd très vite. Et une fois perdue, ça ne revient jamais. »

Quinze élèves sur vingt-quatre se sont mis 0/15. Quatre se sont mis 10. Trois se sont mis 12. Et deux se sont mis 13. Les plagiaires se sont tous dénoncés. Et les autres se sont tous donné des notes inférieures à leur premier résultat.

Ne venez jamais me dire que les jeunes se foutent de tout.

Conscience sociale

Conscientisons-les. Aiguisons leur conscience sociale. Parlons-leur de leurs devoirs, pas de leurs droits. Martelons-leur qu'*ils* sont les premiers responsables du monde de demain, pas nous. Montrons-leur le monde, le vrai, avec ses horreurs et ses splendeurs. On a trop longtemps essayé de camoufler la merde à l'école. Il est temps que les écoles la découvrent et que les élèves la sentent. L'école, c'est la vie. La vie, c'est beau et c'est un peu dégueulasse. L'école secondaire devrait *tout* montrer, dans la mesure du possible, et évacuer les bons sentiments niais et naïfs qui l'animent présentement.

Puisqu'ils sont si prompts à travailler à l'extérieur de l'école, pourquoi ne ferions-nous pas faire aux élèves du bénévolat dans les milieux défavorisés, dans les hôpitaux, dans les foyers pour personnes âgées ? Pourquoi ne pas leur faire faire des corvées de nettoyage ? Pourquoi ne pas jumeler des élèves forts avec des élèves en difficulté d'apprentissage ? Pourquoi ne pas leur faire diriger des équipes sportives, des équipes d'impro, etc ? L'élève pourrait choisir son activité bénévole dès le secondaire un. L'école pourrait lui imposer de changer d'activité chaque année. À la fin du secondaire, il aurait vu un petit peu de misère humaine, il aurait participé à des corvées de nettoyage, il aurait aidé des plus faibles, etc.

Vous ne pensez pas que sa « vision du monde » – comme le répètent les programmes du MEQ à chaque page – évoluerait vers une prise de conscience un peu plus aiguë ? Vous ne croyez pas qu'il y penserait deux fois avant de polluer, de survaloriser l'argent, ou de mépriser les plus faibles ?

Il y a mille choses à faire. *L'école ne les fait pas.* Ou si peu. Chaque année, le Panthéon de la Bêtise fait imprimer des milliers de posters, prépare des dizaines de documents écrits et audiovisuels, déclare des semaines de ci et des semaines de ça, et il « sensibilise » notre jeunesse. J'en ai soupé de la sensibilisation. Je veux de l'action ; je veux voir les élèves à l'œuvre, les voir trouver ça « dégueu », les voir s'éveiller à la grosse réalité, les voir être valorisés par autre chose que leur look, leurs muscles, leur cerveau, leurs performances.

Je veux voir leur fibre humaine vibrer.

Dans les écoles internationales, par exemple, le bénévolat est obligatoire. Tant d'heures par semaine. L'élève choisit le milieu. J'ai connu des élèves qui sont allés servir des repas à l'accueil Bonneau. Vous ne pensez pas que leur perception de la pauvreté à Montréal sera plus juste que celle du petit bourgeois confiné à sa chambre et à son école ?

Être ministre, j'imposerais aux élèves une fin de semaine de silence dans un lieu de réflexion. Un monastère, un camp fermé, une maison de retraite, un canot-camping en silence, une randonnée de contemplation…

L'enseignement socratique, quoi. Allez voir. Expérimentez. On s'en reparlera après.

Les petits rois

On les croit durs, irréductibles, intransigeants. On leur colle des étiquettes : délinquants, teflon, barbares, matérialistes. On leur cloue un destin sombre très rapidement.

Mais nos élèves cherchent. Ils *se* cherchent. Ils essaient de trouver des humains dans ce monde déshumanisé et n'en trouvent pas, du moins pas à leur goût. Ils nous regardent avec avidité, et ce n'est certes pas le tableau le plus inspirant par les temps qui courent. Voilà pourquoi ils capotent et ruent si violemment dans les brancards.

Des élèves durs, délinquants, teflon, etc., j'en ai eu mon lot en cinq ans. Sauf exceptions, ils avaient tous en commun d'être des ados hypersensibles que la lutte pour la survie avait écorchés. Leur look n'était qu'une carapace ; leur discours, un mur ; leur refus, une protection. Ils étaient parmi les plus vulnérables de tous. Et curieusement, c'était sur eux qu'on tapochait, alors qu'ils avaient surtout besoin d'attention et de compréhension.

Il m'est arrivé d'écouter un gaillard de six pieds me confier sa grosse pei-peine d'amour, ses problèmes familiaux, ses espoirs… J'ai vu des filles « top-performances » s'effondrer en larmes à cause d'un tout petit commentaire blessant. J'ai discuté des angoisses de la vie avec un gros joueur de football jusqu'à deux heures du matin dans un monastère. J'ai consolé une enfant teflon en larmes, désespérée de se faire rabrouer et étiqueter. Il y a effectivement de la grosse misère dans nos écoles secondaires.

Au début de ce chapitre, je vous proposais d'étudier les causes du désabusement des élèves du secondaire. Bien sûr, il y a la pression sociale, le taux de suicide, la drogue, la violence, le chômage, la menace nucléaire, le sida, etc. Mais l'être humain peut vaincre tous ces fléaux : l'être humain a d'ailleurs vu pire à travers l'histoire. Il s'est toujours relevé. Ce dont manquent désespérément nos élèves, c'est de chaleur et de rêve.

Malgré nos efforts et notre bonne volonté, on a déshumanisé les écoles. On a cru bien faire en adoptant le virage de la modernité, mais on est allé tellement loin dans ce sens qu'on a fait de l'élève un petit roi anonyme dans un désert d'inhumanité. Un petit roi qui a peur que son royaume devienne une machine.

Aujourd'hui, le petit roi s'ennuie. Le petit roi a peur. Il est seul. Il a soif, il a froid. Que lui proposera-t-on ?

5

Les profs : faux artisans de liberté

[Le professeur] ne doit pas sans cesse imposer
du dehors des connaissances et des notions ;
[il] doit se faire discret ; il doit respecter ce qui
vient de l'enfant même ; savoir l'écouter,
chercher à le comprendre[1].

Rapport Parent, 1963

Balivernes ! Voilà trente ans que le prof
québécois se fait répéter qu'il doit être
tolérant à l'égard du «jeune» et respectueux
de son développement cognitif. Et surtout, ne
pas trop s'imposer à lui… Or voilà : le prof
d'aujourd'hui est handicapé. À demi-pouvoir,
demi-autorité. Mais, au lieu de se révolter, il

semble avoir choisi de s'enliser et de se complaire dans la fange. Il ne semble plus remettre en question ni l'école ni la société, et se laisse porter par la vague laxiste. Tant que le chèque de paye rentre...

Beavis & Butthead

Vous connaissez *Beavis & Butthead* ?

C'est un dessin animé très populaire, conçu pour les chaînes de vidéo-musique. Ses « vedettes », Beavis et Butthead, sont deux adolescents complètement « végétalisés » par la vie. Le meilleur des deux, Butthead, pourrait « à la limite » être récupérable : leader du duo, il est parfois capable d'articuler des phrases complètes. L'autre, Beavis, irrémédiablement brûlé, a un vocabulaire qui se résume à « huh, huh huh, hum... » et parfois « yes » ou « no » – deux mots dont il se sert avec doigté pour confirmer ou infirmer les propositions de son comparse.

Illustration parfaite du nihilisme adolescent, l'émission présente ses protagonistes dans leur salon où ils regardent des vidéos qu'ils commentent de manière plutôt... disons... « édifiante ». Fins manichéens, leur jugement est impitoyable, et leur argumentation est aussi précise que tranchante. Leur rhétorique trouve son apothéose dans deux phrases expéditives, dont ils se servent abondamment pour envoyer les vedettes desdits vidéos ou bien aux nues ou bien en enfer :

« *Huh... this is cool. Huh... this sucks.* »

Évidemment, n'importe quel prof du secondaire se pourléchera les babines en regardant *Beavis & Butthead,* et y reconnaîtra une attitude hélas très répandue chez nos élèves.

Cette caricature est dangereusement proche de la réalité adolescente nord-américaine (masculine surtout). On frôle la photo polaroïd. Disons que c'est un peu comme si Girerd se mettait à dessiner Parizeau avec un bedon raisonnablement rondouillet, Chrétien avec la bouche légèrement croche, et Johnson avec la tête un tantinet oblongue… Bref, le dessin animé est vraisemblable. Et si ça fait sourire, ça inquiète un peu aussi.

Le créateur du dessin animé s'amuse, à l'occasion, à sortir ses deux avortons de leur confortable salon pour nous dévoiler les splendeurs et misères de leur quotidien « mouvementé ». La parodie qu'il fait de l'école secondaire nord-américaine est brillante : les deux pôles de l'autorité professorale y sont parfaitement représentés. D'une part, le prof de gym est un avatar des grands généraux américains : il incarne le pouvoir absolu sans aucun discernement, et la motivation par l'escalade des décibels. Seuil de tolérance zéro. L'autre prof vedette, quant à lui, ressemble à certains de mes ex-collègues que j'aurais volontiers trucidés, et qui hélas foisonnent dans nos écoles : il est le portrait-robot du granola *peace & love,* nostalgique des années soixante-dix, qui « respecte » ses élèves et se fait envoyer promener à tour de bras. Voilà la caricature qui m'intéresse : j'y reconnais l'attitude à changer dans nos écoles.

D'abord, le prof en question s'exprime toujours au conditionnel avec une petite voix mielleuse :

« *Class, could you* please *open your book on page 48,* if you may. »

Grave erreur. Il ne faut jamais donner l'impression à l'élève qu'on lui demande un service : ça laisse entendre qu'il est à l'école pour faire plaisir à ses profs. Et ça le place en position de supériorité.

Quand le cours commence, le prof de *Beavis & Butthead* s'excuse d'avoir à s'interposer ainsi dans leurs échanges « constructifs ». Grand soliloquiste devant le néant, il ne s'interrompt ni devant l'indifférence manifeste de ses élèves ni devant leur indiscipline totale. Il respecte leur droit à la dissidence, à condition bien sûr qu'eux respectent son droit de donner un cours. Tout est affaire de droits. Quand il interroge un élève, non seulement il ne se formalise pas de l'imbécillité de la réponse, mais encore il tente d'y voir un fond de vérité, de sens, de valeur… Il se dit que toute réponse, quelle qu'elle soit, recèle un je ne sais quoi d'exploitable… Pour lui, il en va de l'harmonie entre l'école et le jeune. L'école doit être attrayante ; autrement, le jeune décroche.

Par exemple, dans l'épisode où il enseigne les structures poétiques orientales, le prof invite ses marmots à composer un ikou – c'est-à-dire un tercet de cinq, de sept, puis de cinq syllabes – et après exécution, il trouve le moyen de valoriser l'œuvre d'art de Butthead, qui se lit comme suit :

That was pretty cool
When we killed that frog, huh-huh,
It won't croak again.

La métrique y est. La signification profonde du poème va dans le sens de la détresse des jeunes Américains. Tout à fait intéressant, chers élèves. Neuf sur dix.

Voyez le portrait ? Chacune des interventions du prof vise à préserver ses élèves de l'effort intellectuel : il envoie ses ouailles faire signer des pétitions pour la sauvegarde des bestioles et de l'environnement ; il leur fait faire des exposés oraux uniquement sur des observations « conformes à leur vécu », etc. Toute activité pédagogique doit faire appel à la participation active « du jeune », elle doit avoir un solide port d'attache dans leur réalité quotidienne. Et ça donne ce que vous pouvez imaginer : la pensée est complètement évacuée au profit du tangible, du palpable, du visible, de l'audible. Bref, au profit du réel tel qu'il se présente à leurs yeux ; et l'effort de surmonter les obstacles et de dépasser ce stade primaire ne leur est jamais imposé. Le client pourrait s'effaroucher...

Tel est du moins ce que prétendaient les apologistes de la « pédogogie active » des années soixante puisqu'ils l'ont écrit dans leur célèbre rapport Parent : « La préoccupation d'un enseignement centré sur l'enfant a présidé à l'élaboration d'une pédagogie active ; celle-ci se propose de partir de l'enfant, de ses intérêts, de son jeu, de son imagination pour développer chez lui la curiosité intellectuelle et l'initiative personnelle. On cherche à éliminer le pédantisme du maître, le carcan des programmes, la passivité de l'enfant[2]. »

Voilà hélas un puissant trait caractéristique de certains profs du secondaire. Plusieurs évacuent l'effort au nom de cette « pédagogie active ». La charge de travail doit respecter le droit de l'élève à un certain amusement. L'école doit être *le fun*.

Faites le test dans les manuels scolaires. Souvent, les passages théoriques les plus arides sont agrémentés de petits dessins rigolos ou d'extraits de bandes dessinées ; tout pour distraire l'élève de la matière, tout pour alléger le fardeau inexorable de la lecture et de l'étude. Quand Snoopy se mêle d'arithmétique… En français, par exemple, il y a le très célèbre *Aide-mémoire grammatical* : la couverture présente un éléphant (aide-mémoire, vous pigez ?…) dont on peut suivre les pérégrinations grammaticales tout au long du bouquin. Fascinant. L'éléphant n'est là que pour divertir. *Et lui, les amis, il ne se « trompe » jamais ! Ah, ah, ah !*

Je vous le dis, c'est à se demander si la mentalité *Passe-partout* de l'école primaire ne trouve pas d'irréductibles preneurs jusqu'au secondaire.

Re-re-re-erreur. Apprendre *n'est pas* une partie de plaisir. Apprendre fait mal. Apprendre, c'est dur. Apprendre, c'est se casser la gueule, et pas à peu près. Apprendre, c'est en arracher. Apprendre, ça donne le vertige et ça agite les papillons dans l'estomac. Apprendre, ce n'est pas et ça ne doit pas être amusant – du moins pas dans le sens qu'on prête ici à ce mot.

L'apprentissage ludique a été proposé il y a vingt ans comme un baume miracle aux douleurs infligées par l'apprentissage à coups de règles des couvents et séminaires d'autrefois. Les profs ont embarqué. On leur promettait des classes *peppées*, des classes *swignantes,* des classes attentives et motivées… On a aujourd'hui des décrocheurs par milliers et des finissants qui savent à peine écrire leur nom.

L'enseignement ludique est un mirage.

Demander un effort aux élèves prend maintenant des allures de suppliques. Après avoir donné un devoir, par exemple, c'est tout juste si les profs n'ajoutent pas :

« Allez, les jeunes, soyez chics… »

Trop de profs ont peur de se faire juger, peur de déplaire. Trop de profs essaient d'être du bord des élèves. Si vous saviez, bandes d'andouilles de profs, à quel point ils vous manipulent avec leur chantage…

Professeurs, je vous accuse de *ne pas* vous élever contre le nivellement par le bas que nous impose la société.

Vous et seulement *vous* devriez être des remparts contre les vents perturbants de l'histoire. *Vous* devriez être d'implacables piliers du temple de la connaissance. *Vous* devriez être des rebelles, des anticonformistes, des garnements cravatés. *Vous* devriez enseigner l'anticonformisme. *Vous* devriez être les fers de lance de la remise en question érigée en système. *Vous* devriez être des éteignoirs de concupiscence. *Vous* devriez être des vilipendeurs de modes. *Vous* devriez être les autorités, au sens large et noble.

Si l'école doit changer la société, alors ce sont les profs qui doivent changer l'école. Donc, je vous le demande, *où êtes-vous quand vient le temps de faire respecter la profession ?*

Vous êtes à votre pause, à votre chalet, à vos « affaires ». Vous vous dérobez.

Pourquoi donc, je vous le demande, méprisez-vous tant la culture de l'effort et de la pensée, alors que vous-mêmes en êtes issus ? Pourquoi cautionnez-vous le nivellement par le bas ? Pourquoi ne gueulez-vous pas contre les modes, les réformes, et les autres inventions bidon du Ministère ? Pourquoi ne dénoncez-vous pas l'enseignement ludique ? Pourquoi craignez-vous tant les réactions négatives des élèves et des parents ? Vous regardez la procession passer sans jamais broncher. Pourtant, vous avez tout compris. Tout. Mais vous vous croisez les bras.

J'ai ma petite idée là-dessus : vous êtes fatigués. Éreintés, vidés, taris. Comme moi. Mais vous, vous restez. Bientôt, vous serez à la retraite. En écoulant vos dernières années, vous allez plus volontiers vers le divertissement que vers la lutte. Comme vos élèves. N'est-ce pas Blaise Pascal qui a écrit que « le divertissement est une invention de l'homme destinée à lui permettre de se rendre insensiblement jusqu'à la mort » ?

Eh bien soit, divertissez-vous. Dormez.

Mais dans quelque temps, vous serez remplacés par de jeunes loups affamés. J'aurais quant à moi un seul message à transmettre à ces jeunes loups (si par bonheur quelques-uns daignaient me lire): de grâce, faites revenir dans les murs de nos écoles la culture de la pensée et de la curiosité. Faites hara-kiri au jeu et aux suppliques. Moi, je suis fier de dire que j'ai enseigné à des élèves pour qui le français n'était qu'une occasion supplémentaire de vomir leur dégoût de l'école, et que pas un seul n'a régurgité sur mon tapis. C'est qu'au lieu de « jouer » au français, je les ai fait lire, écrire et réfléchir. Et sauf votre respect, cette « méthode » a même suscité quelques « vocations ».

C'est faux de prétendre qu'ils ne veulent rien savoir.

Où sont passés les héros?

Néanmoins, les vrais reproches que j'ai à adresser à bon nombre de profs vont beaucoup plus loin que cette attitude de complaisance. Je leur reproche carrément de saloper la profession par leur mutisme, leur peur et leur résignation. Beaucoup de profs dénaturent la profession *jusqu'à l'extérieur de la classe*.

Un vrai professeur, pour moi, devrait

être solide, intrépide et vaguement rebelle. En classe comme partout. Pourtant, beaucoup de professeurs du secondaire sont tout le contraire. Plusieurs sont même des canailles rampantes. Chers ex-collègues, vous allez me détester furieusement : j'accuse plusieurs d'entre vous d'être poltrons, bravaches, gueulards, inconséquents, couillons, peureux, hypocrites, jaloux et égoïstes. J'ai des preuves.

Je me permettrai le luxe de généraliser tout au long de ma charge, car j'ai connu trop peu de profs courageux pour enfiler ici des gants blancs et faire l'éloge des cas d'exception.

Ma plus grosse désillusion dans l'enseignement, c'est vous qui me l'avez infligée. Votre char, votre bungalow, votre tondeuse quatre vitesses à siège baquet, vos intérêts : vous êtes, hélas, à l'image de la société : matérialistes, jouisseurs, égoïstes et désillusionnés.

Je vous imaginais différemment. J'ai été naïf. Vous n'avez aucun sens de la solidarité. Vous vous laissez gouverner par la peur de perdre vos acquis. Vous magouillez derrière le dos de vos collègues dans l'espoir de plaire à vos patrons. Vous salissez la profession et la dignité de l'enseignement en vous agenouillant devant la moindre figure d'autorité. Votre confort vous a rendus parfaitement indifférents aux douleurs d'autrui. En fait, une seule chose vous fait réagir : votre confort. Pourvu qu'on ne touche pas à votre petit confort personnel, vous vous foutez de tout comme de l'an deux.

Les profs devraient être des héros : c'est là

leur premier devoir. Mais où sont-ils ces héros ? J'idéalise sans doute ma profession, mais à ma décharge je vous dirai qu'il n'y en a pas une seule qui requière pareille cargaison de vertu et d'altruisme. *L'école n'est pas une manufacture de shoe-claques* : c'est le lieu privilégié de formation de notre plus grand trésor, la jeunesse. Et si la vertu ne s'y insinue pas, alors je vous le demande, où donc s'insinuera-t-elle ?

J'ai des preuves, vous disais-je. Les voici.

Je ne nommerai ni les écoles ni les gens concernés. Je n'ai pas envie de retourner en cour engraisser quelque avocat véreux. Le premier incident a trouvé écho sous la plume du journaliste Pierre Foglia en 1991.

La défaite de la pensée

L'école de ma première mésaventure est ce collège privé dirigé par le sympathique despote que j'ai dépeint précédemment (cf. *L'Ode à l'ennemi*).

Fin avril. Le despote publie à l'intention des parents un texte sur la transmission de la culture à l'école où il crache abondamment sur la jeunesse et traite ses propres élèves de handicapés culturels. Les élèves lisent. La marmite explose. Un mois plus tard, un élève m'apporte le livre d'un philosophe français (Alain Finkielkraut), où l'on retrouve l'intégralité du texte incendiaire du despote, à six phrases près. Une semaine plus tard, quelqu'un dénonce son plagiat en publiant un tableau comparatif : colonne de gauche, texte du despote, colonne de droite, celui du philosophe. Le pamphlet est imprimé à plusieurs centaines d'exemplaires et distribué partout dans l'école. Scandale. La presse et la radio en parlent.

J'étais alors à l'emploi de cette école depuis quelques mois. J'avais compris, en gros, ce qui s'y passait : alors je me suis rangé du côté des élèves dans leur dénonciation, et je ne me suis pas gêné pour le dire. Quand ça fait six mois que la moitié de tes collègues viennent te raconter les scandales, les cancans, les cas de favoritisme – tous plus étonnants les uns que les autres –, tu te dis qu'il n'y a pas de fumée sans feu. Et quand tu es toi-même visé par le régime de terreur (cf. l'*Ode à l'ennemi*), tu fais $1 + 1 = 2$ assez rapidement merci. Il était donc hors de question que je défende ce despote.

L'intégrité de la profession avant toute chose.

J'ai parlé. Nous avons été une dizaine – sur soixante – à parler, et à prendre position ouvertement pendant la crise. Mon collègue en français et moi l'avons fait d'une façon non équivoque : et on s'est fait gentiment rentrer dans la bande.

Par le despote, pensez-vous ? Oh que non. Les despote s'est éclipsé pendant un mois. À son retour, il était blême. Ses espions et autres fiers-à-bras se sont occupés de diriger le bateau à sa place.

« *What you're doing is a professionnal suicide* », m'a dit une prof (qui nous aurait appuyés « si elle avait été permanente »).

D'autres nous inondaient de mises en garde.

« Faites attention, les gars, le boss a le bras long. Il est chum avec le ministre, il peut vous faire perdre votre brevet. »

Jusqu'au dénouement de la crise, je me suis fait dévisager et espionner dans tous les recoins de l'école. Un des animateurs de niveau – entendre, « espions » du despote – se cachait régulièrement derrière la porte de ma classe pour épier mes cours. On me soupçonnait d'être à l'origine de tout ça et de faire de la propagande auprès de mes élèves. J'étais étiqueté. J'avais la peste. Des profs ordinairement sympas se sont mis à m'ignorer totalement. On balayait du regard le plancher. (Les murs de ce collège n'ont d'ailleurs jamais été aussi propres qu'en ce mois de mai 1991.) L'atmosphère se coupait comme du vieux camembert.

Quiconque eût daigné sourire ou simplement parler à mon collègue ou à moi-même se serait probablement fait foutre à la porte. Soudainement, presque tous les profs faisaient comme s'ils ne nous connaissaient même pas.

On a lutté, donc. On s'est fait rentrer dedans.

Il y eut une assemblée. Il y eut un débat. Il y eut un référendum. À la question : *Acceptons-nous de reconduire le directeur dans ses fonctions malgré l'incident du plagiat ?* quarante-cinq profs tremblotants ont répondu oui, une quinzaine non. Une quinzaine muselée, isolée, traquée.

Fallait vous voir, vous, les sbires du despote,

à cette assemblée spéciale. Bande de petits mafiosi de banlieue : vous parliez fort, vous gueu-
liez pour la sauvegarde de vos intérêts, vous
étiez les petits *kings* de la place. Votre incompé-
tence, dans plusieurs cas, était notoire ; et
votre chèque de paye dépendait uniquement
de la survie du régime en place. Vous avez fait
peur aux profs scandalisés – la majorité –, qui
avaient évidemment la trouille. Ils ont voté de
votre bord : le fusil sur la tempe, on ne se pose
pas longtemps la question.

Et vous l'avez gagné, votre petit référendum
bidon. Après, vous avez terrorisé les profs
dissidents.

Pauvre Jean-Guy, toi un des rares profs
intègres de cette boîte, tu t'es retourné vers
nous à la fin de la réunion, et on t'a entendu
gueuler :

« #@#$#%#&#!#, faut-tu qu'on lui érige
une statue dans le hall d'entrée, à c'te tyran-
là ? »

L'année suivante, vous, les petits mafiosi de
banlieue, vous avez neutralisé les assemblées
syndicales en faisant peur aux profs. Vous
l'avez renégociée à la baisse, votre convention
collective, suivant la consigne de votre despote
adoré. Et ç'a donné ceci : l'ancienneté, dans
l'attribution des tâches, vous l'avez enruban-
née et l'avez donnée à votre saint patron pour
qu'il puisse réorganiser son petit terrorisme de
banlieue.

Wouf. Wouf.

Finie, l'ancienneté. Au collège X, mesdames

et messieurs, c'est le directeur général qui détermine la tâche de chacun des profs *sans aucune balise*. Il fait ce qu'il veut. Il s'amuse avec sa boîte et son petit monde, exactement comme le patron de Pierre Richard dans *Le Jouet*.

Alors, que disais-je… hypocrites, peureux, couillons, etc. Oui oui. Je maintiens tout ça. Et plus encore.

Vous êtes doués, vous, professeurs, pour vous élever en secret contre les saloperies du genre. Mais vous rampez dès qu'on vous menace de vous faire perdre votre petit nonosse de confort. Vous seriez prêts à vendre vos collègues pour vous ramasser du capital-patron. Je le sais très bien : vous m'avez moi-même vendu.

D'ailleurs, ironie du sort, savez-vous quel était le titre du livre que votre saint patron a plagié ?

La Défaite de la pensée.

Rififi dans l'empire d'un petit caporal

Tout a commencé à la fin de la deuxième année à ma deuxième école. Nous étions en juin. Je travaillais comme un forcené, essayant surtout de retrouver le sens de ma vocation – que l'incident avec le despote avait sérieusement compromise…

On venait tout juste de congédier le directeur de la vie étudiante, une sorte de préfet de discipline relevant directement du directeur général, en vertu d'une supposée loi 198, qui forçait toutes les écoles à congédier 20 % de leurs employés cadres. Notre préfet était parti en fin d'année dans un climat de confusion et d'écœurement généralisé qu'une chaleur torride décuplait.

Les fins stratèges, paraît-il, savent choisir leur moment pour « opérer ».

Les profs étaient interloqués. Notre préfet avait pourtant semblé faire un travail honnête, compte tenu de la lourdeur de ses responsabilités et du peu de pouvoir dont il disposait. À la dernière réunion, un groupe de profs a donc réclamé du d.g. qu'il convoque le corps professoral afin de lui expliquer le renvoi du préfet.

Pendant une trentaine de minutes, le d.g. (nous l'appellerons *le petit caporal,* pour des raisons que je vous laisse deviner) a manœuvré habilement autour d'une prétendue loi 198 et de certains dédoublements d'emplois. Nous y avons accordé foi. Quand ça patine, un d.g., ça peut être plus élégant qu'Elvis Stoiko.

Mais au retour des vacances estivales, ce fut la débandade. Laissée aux soins d'un d.g. incompétent et d'un directeur pédagogique complètement absent « dedans sa tête », l'école était sens dessus dessous. Nous avons compris à quel point le préfet congédié avait été le véritable maillon fort de l'école depuis plusieurs années. Curieuse coïncidence, à partir de ce congédiement les décisions douteuses de la direction se sont multipliées à un rythme essoufflant, tant et si bien que notre école devint rapidement une pétaudière. C'est à peine si on ne jouait pas au football dans les corridors.

Un exemple ? Dans la cour de récré, située sous les fenêtres de ma classe, la direction avait fait installer des poteaux de basket. Or, les récréations et dîners des petits n'étaient pas prévus aux mêmes heures que ceux des grands, de sorte que mes élèves de secondaire quatre vivaient à longueur de journée dans un vacarme épouvantable. (Essayez donc de lire une dictée quand dix ballons de basket dribblent simultanément sous vos fenêtres en harmonie avec les cris de trente pré-pubères... C'était infernal.) Pour ajouter au ridicule, ma classe et la classe voisine n'étaient séparées que par une mince cloison perméable au bruit. Donc aucun moyen d'enseigner.

La direction refusait néanmoins de remédier à ce problème sous mille et un prétextes.

« On peut quand même pas les scier, nos poteaux de basket ! »

Justement, oui, vous pouvez les scier.

Voyez le genre de préoccupations hautement pédagogiques ? Je vous fais grâce du reste. Pour faire une histoire courte, c'était le bordel.

Puis est survenu un événement triste, qui n'a aucun rapport avec celui que je vous raconte : deux ex-élèves du collège ont péri dans un accident de voiture. Au salon mortuaire, j'ai revu l'ex-préfet pour la première fois depuis son congédiement ; il n'a pu retenir quelques commentaires chargés de haine à l'égard de ses ex-supérieurs. Tout cela ne sentait pas très bon. J'ai noté son numéro de téléphone dans la paume de ma main. Une semaine plus tard, je l'ai invité à manger.

Au resto, j'ai tout su et tout compris. Aucun doute : cette administration était aussi pourrie que la précédente à la différence que, moins grosse et moins puissante, l'état de sa corruption était moins visible. De plus, le corps professoral étant très jeune et se étrangement vite, peu de profs connaissaient la véritable histoire de l'empire qu'avait érigé en dix ans ce petit caporal. Disons simplement qu'il était toujours parvenu (j'aime ce mot éloquent…) à manipuler habilement tout son monde de façon à conserver une certaine image d'intégrité et d'honnêteté.

Je me suis alors mis en route vers le monde merveilleux de la syndicalisation : des fins de semaine à lire le *Code du travail*, à parler avec un consultant, à appeler des profs « sûrs »… Un entretien téléphonique avec le député libéral Henri-François Gautrin m'a convaincu de l'urgence de la syndicalisation : il avait lui-même rédigé la loi 198, depuis l'avant-projet jusqu'à l'adoption finale ; *et jamais n'avait-il été question d'inclure les écoles privées dans ce texte de loi.* On ne visait que la fonction publique. Et on disposait d'un délai de quatre ans pour l'appliquer !

Oups… léger dérapage : car notre école était bel et bien une institution privée !

Il devenait de plus en plus évident que le

petit caporal avait sauté sur le moindre prétexte pour se débarrasser d'un élément gênant
– le préfet –, trop honnête et surtout trop au
courant de ce qui se manigançait chez lui. On
avait menti aux profs, et deux fois plutôt
qu'une.

Les démarches de syndicalisation portaient
ses fruits : sur vingt personnes consultées, dix-
neuf étaient prêtes à signer leur carte. La majorité y était presque. Au vingt et unième appel, nous avons attrapé une taupe : elle nous a
virés. Le lendemain, le petit caporal convo-
quait le personnel des deux campus.

Et l'intimidation commençait.

Plus d'une centaine d'employés étaient en-
tassés dans la cafétéria. Comme à l'époque de
Maurice Duplessis, on leur avait payé la bière
et le vin. De tous ces gens, à peine une trentaine étaient directement concernés par le
sujet, c'est-à-dire la syndicalisation des professeurs d'un campus. Les autres avaient été gon-
flés à bloc, par les patrons.

Le boss a parlé. Trente, quarante minutes.
Du métalangage, des sous-entendus, des insi-
nuations… Vous savez ce que c'est.

Puis, il m'a passé le micro en me désignant
comme le porte-parole du groupe de profs en
processus de syndicalisation. À peine avais-je
ouvert la bouche pour demander l'exclusion
des membres de la direction qu'une pluie de
protestations s'abattait sur moi : les profs de
l'autre campus, habilement manipulés par la
directrice adjointe, voulaient me tuer. Ç'a duré

près d'une heure. Imaginez un gardien de but pendant une période d'échauffement, quand les joueurs lui lancent la rondelle de toutes les directions à la fois… ça ressemblait à ça, mais sans équipement.

C'est à ce moment-là qu'est revenue ma grande désillusion. C'est là que vous, professeurs, m'avez écœuré à tout jamais de vous. De votre peur. De votre couillonnade. De votre manque de solidarité. De votre manque d'intégrité.

Ce jour-là, deux clans se sont rapidement formés parmi les profs de notre campus : les « pour » et les « contre » (le syndicat). La zizanie s'est installée : tel était d'ailleurs exactement le plan de notre cher patron. Sauf de rares exceptions, les « pour » ont fermé leur gueule, bâillonnés. Et les « contre » ont commencé à terroriser tout le monde. Certains se sont même carrément acoquinés avec le patron : ça sentait la protection et l'avancement à plein nez. Ou la prostitution, appelez ça comme vous voudrez.

À cette réunion-là, vous, qui auriez dû gueuler, vous vous êtes écrasés et m'avez laissé me débrouiller avec mes problèmes. Et parmi ceux qui voyaient clair dans le jeu de l'employeur, plusieurs ont choisi de jouer les taupes et de balancer leurs collègues. Ils étaient cinquante, soixante, soixante-dix petits Gretzky en échappée, et vous, vous vous poussiez, vous leur cédiez le pas, vous leur donniez même la rondelle. Vous laissiez l'intimidation faire son chemin. Vous laissiez un employeur, que vous sa-

viez dans son tort, manœuvrer, magouiller, mafioser à sa guise grâce à ses sbires de service. À
part cinq ou six pyromanes-suicidaires de mon
espèce qui ont osé parler, vous vous êtes tous
cantonnés dans votre silence. Vous vous êtes
pelotonnés derrière votre maison à payer, vos
bouches à nourrir, vos précédents avec le boss,
votre statut précaire, et quoi encore. Quand on
a peur, toutes les raisons sont bonnes.

Votre statut précaire, ça, c'est la plus dégueulasse des couillonnades que vous m'ayez
servies. La vie, bande de pleutres, est en soi un
statut précaire. Faites-moi pas brailler avec
votre statut précaire.

À partir de ce jour-là, l'employeur savait
qu'il avait une marge de manœuvre. Cinq ou
six petits délateurs en herbe ont alors entrepris
leur carrière de *scabs* avec des allures et des regards qui me rappelaient à en vomir ceux du
collège du despote. Et il ne s'est pas gêné pour
se servir de vous, de votre cher petit caporal,
afin de mousser ses solutions bidon en remplacement de la syndicalisation, prendre le pouls,
épier, réagir, convoquer à son bureau, etc.

C'était désespérant. Mais alors que je
croyais la cause du syndicat perdue, vous,
profs sympathisants, vous avez au moins eu le
courage de signer votre carte. Je vous ai trouvés braves – un peu –, et vous m'avez redonné
espoir. Nous avons déposé la requête en accréditation syndicale. Longtemps après, à la suite
d'interminables journées d'audition devant le
commissaire du travail (car l'employeur,

évidemment, a contesté la validité de notre démarche), nous avons gagné : le syndicat a enfin
été accrédité.

Mais au-delà de la signature des cartes, vous
vous êtes complètement écrasés. Aux réunions,
vous faisiez dans vos culottes. Si d'aventure
vous leviez le doigt pour vous opposer à un
argument, vous preniez soin d'enrober votre
verbe d'un épais crémage caramelisé et cho-
colaté de prudence ; vous pesiez vos mots,
vous scindiez votre pensée et vous laissiez
l'adversaire y pénétrer impunément. Pendant
ce temps, pendant que vous projetiez cette
demi-image de revendication soyeuse, les
matamores gueulaient, menaçaient, dénon-
çaient. Le réseau du boss s'organisait. *Terrorisme de banlieue, 2ᵉ partie.*

Vous m'avez laissé me dépatouiller avec
mes problèmes, à quelques exceptions près.
C'était moi, après tout, l'emmerdeur désigné.
Et je l'avais bien cherché.

L'année s'est écoulée. Et je me suis fait harceler, espionner, intimider. Mais passons.

En fin d'année, le boss a coupé quelques
têtes, dont la mienne évidemment, et en a amoché une couple d'autres. Devinez lesquelles ?
Celles qui avaient trop parlé. Alors les profs
épargnés – sympathisants ou neutres –, au lieu
de voir là l'ultime raison de se montrer enfin
solidaires et de faire front commun, se la sont
fermée encore plus.

Mutisme de circonstance.

Aux moments les plus cruciaux, j'ai vu

votre visage s'enlaidir. Dans votre for inté-
rieur, vous n'étiez pas fiers de vous ; mais
mieux valait vous couvrir de honte que de parler et de risquer de perdre votre job.

Quand vogue la galère, vous avez des mines
d'anges : vous causez, vous riez, vous vous *inté-
ressez à.* Vous donnez presque l'impression de
faire partie d'un vaste et noble projet. À la
moindre bourrasque, vous basculez. Vous avez
peur.

Je l'ai éprouvée, votre peur de dénoncer l'in-
justice. Je vous ai vus baisser la tête et entrer
dans les rangs, vous, exactement comme vos
élèves quand vous les grondez. Vous m'avez
déçu plus que tout, plus encore que les deux
boss malhonnêtes qui se sont servis de votre
peur pour se grandir. Vous me faites plus pitié
qu'eux : eux jouent à l'argent et au *power trip,*
alors que vous, vous prétendez jouer aux professeurs. Vous prétendez donner l'exemple à la
jeunesse.

Eux se foutent éperdument de la profession.
La formation de la jeunesse, ça leur passe trois
place Ville-Marie par-dessus le chapeau. Vous
le savez. Vous ne faites rien. C'est ça qui m'a
écœuré. Et je sais pertinemment que ce que j'ai
vécu dans ces deux écoles-là est le reflet d'une
attitude professorale qui, hélas, est trop répandue dans nos écoles secondaires.

Chers lecteurs, je vous imagine faire la
queue derrière le micro pour manifester vos

objections à mon discours de vierge offensée. Je devine que ce qui vous chicote un peu, c'est ma promptitude à accuser des gens qui, somme toute, se sont comportés comme on le fait n'importe où sur le marché du travail à l'heure actuelle. Vous avez tous eu un beau-frère ou une matante qui a vécu ce genre de choses (syndicalisation, corruption, intimidation, etc.)… et vous me jurez que c'est partout pareil. Alors pourquoi se donner la peine d'en écrire tout un chapitre ?

Je sais très bien que c'est partout pareil. C'est précisément ça qui me révolte. Nous vivons une époque épouvantablement in-humaine, et les relations de travail ressemblent davantage à un champ de bataille qu'à un ro-man Harlequin. Partout, c'est l'industrie de la haine. Chacun sa petite affaire. Chacun sa tondeuse quatre vitesses. D'ailleurs, je vous entends d'ici claironner :

« Toi, personne t'a soutenu dans tes af-faires, alors pourquoi t'as cherché à soutenir les autres ? T'as pas compris que les luttes de solidarité, c'est du vieux stock des années soixante-dix ? Sur quelle planète tu vis, chose ? »

Je vis sur une planète où il est censé y avoir quelques êtres humains. Il y en avait jusqu'à tout récemment. Je le sais, j'en ai même connu quelques-uns. Et je refuse et refuserai toujours de cautionner par mon silence la tyrannie, au prix même d'y laisser quelques plumes. Je refuserai toujours l'individualisme à outrance, à plus forte raison dans le domaine de l'enseignement.

Entre fabriquer des *shoe-claques* et fabriquer de jeunes adultes responsables, il y a quand même un monde.

Et tel est précisément l'objet de la révolte qui m'anime depuis que je fraie dans ce milieu : on met l'école à égalité avec n'importe quelle usine, n'importe quel ministère, n'importe quel resto. Je vois, à l'école secondaire, le spectre de l'économie triomphante jusque dans les relations de travail. Le spectre du mercantilisme, que nous avons hérité des « visionnaires » de la commission Parent : « Le Québec doit envisager [les problèmes scolaires] à la lumière des objectifs que lui imposent l'évolution économique et sociale et les tendances modernes en éducation[3]. » Parlons-en, des « tendances modernes »…

C'est sur des écueils comme celui-là que je me suis épuisé.

Et je ne comprends toujours pas que les professeurs, ces supposés piliers du temple humain, soient à ce point incapables de faire preuve de recul et de voir qu'ils ne forment pas la jeunesse à force de singer ainsi tout ce que notre époque a d'inhumain à offrir. Vous, profs, qui devez dénoncer la corruption et porter tout haut votre dénonciation, vous avez choisi de vous enraciner dans le siège baquet de votre tondeuse quatre vitesses, votre « évolution économique et sociale ».

Il y a quelques années, notre vénérable

barde Vigneault a mis le doigt sur le gros bobo de nos écoles modernes : en servant une petite leçon d'étymologie latine, il a dit que le *formare* s'est éclipsé au profit de l'*informare*. Nous informons, mais nous ne formons plus. Profs, je vous accuse donc d'informer sans former. Vous transmettez à la jeunesse ce que notre époque veut bien lui transmettre. Sans discernement. Et comme notre époque n'est pas particulièrement glorieuse du point de vue humain, vous transmettez à vos élèves des informations à la hauteur de son matérialisme, de son individualisme, de sa recherche du confort, de son amour de la robotisation et de son aspiration à la techno-speed. Vous vous préoccupez assez peu du reste, qui est pourtant, à mon sens, l'essentiel.

Vous gavez vos oies, et vous remplissez vos colonnes de notes. Vous justifiez votre salaire. Vous croyez faire votre devoir. Mais il vous manque l'essentiel : vous n'avez pas de cran. Aucune révolte ne vous habite. Vous rampez.

Alors Jean Jaurès, je laisse ta lucidité faire le reste, toi qui disais, au début de ce siècle, en t'adressant aux professeurs de France :

Vous n'enseignez pas ce que vous savez : vous enseignez ce que vous êtes.

Ou pourquoi pas :

Vous devriez enseigner ce que nous devrions être.

6

Bref portrait :
le *frère*

« Ti-cul, tu m'énarves, dewâââr !!! »
Le *frère*.

Contrairement à ce que vous pensez (peut-
être), je ne suis pas qu'un chialeur. J'ai
aussi de la déférence plein le cœur, et j'entends
bien vous la faire partager.

Afin de rompre avec le cynisme des dernières pages, j'ai choisi de vous présenter une
personne absolument remarquable. Il fut mon
professeur, il y a longtemps. C'était un religieux, membre de la communauté à laquelle
appartenait le collège. Appelons-le donc le *frère*.

Le *frère* fut notre prof de bio en secondaire
un et trois, et de religion en secondaire cinq. Il

a donc suivi notre évolution depuis la rentrée, encore tout imberbes, jusqu'à notre départ. Nous lui vouions une sorte de culte : il était indiscutablement une des vedettes du collège.

Pourtant, au début, il ne faisait rien pour se faire aimer : il était brusque, il parlait fort, il donnait des tonnes de devoirs, et ses examens étaient plutôt *cochons*. Il corrigeait *chien*. Il pouvait même être violent parfois.

Je me rappelle d'ailleurs l'effet prodigieux qu'avait eu sur moi sa toute première sortie virulente en classe contre « les bébés gâtés qui s'ennuient de leur mère ». Nous étions au collège seulement depuis une semaine – proies toutes désignées, évidemment, pour les grands initiateurs malins des secondaires deux et trois. Le *frère* avait décidé de nous « casser » avant que d'autres ne le fassent plus brutalement ; et un élève, ce jour-là, avait eu le malheur de ne pas faire son tout premier devoir d'écologie.

« Tit-cul, t'es ici depuis cinq jours et tu penses déjà au repos ? Sainte-Suzanne (l'école primaire), c'est l'autre bord de la rue ; ici on est au collège, fa' que ou bedon tu fais tes devoirs, ou bedon c'est dewâââr ! »

Certains en tremblaient. Parfois, il avait l'air carrément mauvais. Mais après, il nous faisait tellement rire qu'il devait nous flanquer des billets d'avertissement pour « incapacité de cesser de rire ». C'était sa façon à lui de nous souhaiter la bienvenue dans le monde adulte.

Un jour, en plein examen, j'ai eu le malheur de quémander une gomme à effacer à mon

voisin sans lever la main. Il ne m'était jamais
venu à l'esprit qu'on puisse me soupçonner de
plagiat : j'étais l'honnêteté en chair et en os.
Erreur de néophyte. Le *frère* a hurlé en me
fusillant du regard :

« Séguin, zéro. »

J'ai protesté. Il a riposté en haussant le volume et en me fixant gravement. Je me la suis
fermée et j'ai ravalé le motton – qui était *sur le
bord*... J'ai battu plusieurs fois des paupières
pour éviter que la goutte ne tombe. Je me rappellerai toujours que ce fut ce jour-là, et aucun
autre, que j'ai compris que mon premier droit
fondamental en tant qu'élève était de me fermer la gueule.

Et ça m'a fait un bien énorme.

Ses cours étaient un véritable spectacle. Il
avait d'ailleurs l'habitude de dire, juste avant la
cloche :

« Allez, on se grouille les fesses, il reste
encore quelques bons billets en avant... »

Un jour, il avait décidé de nous remettre
notre plus gros travail de l'année – le fichier
animal – en le garrochant en l'air, littéralement. Il fallait l'attraper au vol : le *frère* avait
décidé de jouer aux catapultes avec nos chefs-
d'œuvre ! En fait, il ne jouait pas du tout : il
était furieux. Son spectacle avait pour but de
nous secouer les puces, car personne parmi les
trente-cinq élèves n'avait songé à faire la fiche
de l'animal que nous connaissions pourtant le
mieux : l'homme !

Dur coup pour un prof humaniste.

Son cours de bio jouissait d'une solide réputation. Vulgarisateur hors pair, grand passionné de sa matière et de la vie en général, il ne tolérait aucune dissidence pendant l'heure du spectacle. Quand un élève s'agitait, la phrase-clé du frère était :

« Ti-cul, tu m'énarves, *dewââr.* »

À ce stade, tout le monde savait que c'était irrémédiable. Et nous bouffions nos crayons HB.

Ses examens étaient cochons, littéralement cochons pour nos jeunes caboches vides. Il le savait, et nous le soupçonnions d'en jouir. Je me rappellerai toujours ces nuits blanches passées à exercer ma mémoire sur les muscles, les os, le système nerveux, l'appareil digestif, les hormones… Bien franchement, c'était palpitant. Nous devenions même un brin masos à cause de lui.

Et quand il remettait les feuilles, on sentait que ça l'importunait que des petits malins aient déjoué ses questions-pièges. Son regard trahissait sa pensée :

« Surveillez-vous au prochain test, les boys, ça va être encore plus raide. »

L'aura du *frère* planait partout au collège. Il représentait pour nous l'ultime défi : réussir son cours, c'était un peu réussir dans la vie. À nos yeux, il symbolisait ce qu'il y avait de plus humain dans la laideur du monde adulte.

Et cela nous remplissait de joie. Pendant ses cours, la matière voltigeait de gauche à droite ;

et c'était *à nous* de faire l'effort nécessaire pour l'attraper, car tout passionnant qu'il fût, le *frère* était aussi extrêmement frivole – butinant d'anecdotes en statistiques, d'observations en expérimentations, d'idées reçues en remises en question… Le tout dans une atmosphère explosive et éclatée où le fil conducteur s'égarait facilement !

« Le midi, vous devez toujours manger votre pomme avant votre sandwich, parce que du point de vue digestif…

– Mais ma mère m'a dit le contraire !

– Lâche ta mère deux minutes pis écoute-moi, 'tit cul. C'est moi le boss en bio. Regarde bien ce qui se passe dans ton estomac quand les enzymes… »

C'était beau de le voir aller. Mais sa vraie force, c'était de toujours ramener son cours à une dimension humaine.

Par exemple, s'il traitait du système nerveux, il sortait des statistiques sur les problèmes de stress, les ulcères d'estomac, le *burnout,* la dépression, etc. Et ça y allait par là, d'autant plus qu'il connaissait le sujet à fond : sa véritable passion dans la vie, avait-il l'habitude de rappeler, c'était autre chose que nous, les petits bourgeois baveux et gavés : c'étaient les suicidaires. Il était spécialisé en intervention auprès des suicidaires.

Il pouvait très bien arriver un matin en classe, tout déconfit, et prendre quinze minutes du cours pour nous raconter que la veille, à deux heures du matin, on l'avait sorti du lit pour aller convaincre un suicidaire de ne pas sauter en bas du pont Jacques-Cartier.

Alors, il en profitait pour nous sensibiliser : comment dépister les tendances suicidaires chez nos proches, quoi leur dire, comment les faire parler, quels arguments utiliser pour les dissuader, etc. Nous avions quatorze ans, imaginez.

Les statistiques, disait-il, ne mentent jamais. En « statistiquant » avec lui, par exemple, nous avons appris que 10 % des hommes étaient homosexuels. Le *frère* avait dit :

« Dans la classe, il y en a possiblement trois. »

Nous nous regardions tout croche. Rien n'est plus déroutant pour un garçon qui vient de muer que le spectre de l'homosexualité. Pourtant, il avait raison, et il nous a ouvert les yeux sur cette réalité que nous feignions d'ignorer. Nous avons aussi appris grâce à lui que x % des jeunes de moins de vingt-cinq ans faisaient des tentatives de suicide, que y % des filles de moins de dix-huit ans se faisaient avorter, et que la pauvreté frappait z % de la population. Et que nous, l'élite de demain, nous avions des responsabilités à assumer à cet égard.

Il nous parlait aussi de sa vie en communauté, et nous racontait souvent à quel point il s'y épanouissait malgré quelques petits embêtements. Il nous montrait la photo d'une jolie femme qu'il avait failli épouser avant d'y entrer…

« Regardez-moi le beau pétard que j'ai sacrifié pour me donner à Dieu… et à vous, bandes de petits monstres ! »

Il nous faisait animer des messes, il nous conduisait en voiture jusqu'à l'université pour les expositions scientifiques, il nous vantait les vertus de la lecture, et chaque vendredi, il nous donnait rendez-vous au très célèbre *Palais du Livre* (rendez-vous auquel il ne venait presque jamais, évidemment).

Pour ceux qui n'auraient pas vécu cette « glorieuse » époque du livre d'occasion à Montréal, le *Palais du Livre* était un vieil immeuble situé tout près de la Bourse. Des tonnes de livres d'occasion reposaient sur quatre ou cinq vastes étages. C'était colossal.

Deux choses m'y attiraient plus que les bouquins eux-mêmes : le légendaire escalier bancal et l'odeur du vieux bois mêlée à celle des livres. Ça sentait le vieux partout. Le *frère* prétendait d'ailleurs que l'odeur du *Palais du Livre* représentait un condensé de toute la connaissance de l'humanité. Il disait qu'y entrer était pour lui une expérience jouissive. Nous trouvions que c'était là une opinion à endosser inconditionnellement.

Une expérience « jouissive » : le *frère* ne reculait jamais devant les « gros » mots, quitte à provoquer des réactions d'hilarité parmi nous. Aujourd'hui, avec le recul, je me dis qu'il devait le faire exprès. Ça faisait certainement partie de son côté provocateur. Pareil vocabulaire trahissait même un hédonisme tout à fait surprenant pour nous. À propos de la beauté féminine, par exemple, il prenait plaisir à nous rappeler, en faisant référence à son vœu de chasteté, que « c'est pas parce qu'on est au régime qu'on n'a pas le droit de regarder le menu ! »

Parmi les lubies de notre *frère,* il y avait donc le plaisir des sens. Il nous parlait des odeurs, des couleurs, de la musique…

« Qu'il n'y ait pas un sacripant qui revienne du *Palais du Livre* sans s'être rempli les poumons de l'odeur du vieux bois ! »

Et il accompagnait sa *menace* d'un petit sourire narquois.

Hélas, le bois du *Palais du Livre* était tellement pourri qu'on a dû condamner l'édifice. Fini, le condensé de la connaissance. Une des plus jolies fenêtres de mon adolescence s'est alors refermée.

En classe, les élèves « problèmes » étaient toujours valorisés par le *frère.* Il les remontait, et il savait comment capter leur attention, Dieu sait de quelle manière. Il les aimait, tout simplement. Et ça paraissait. Sans les protéger outre mesure, il s'opposait à ce qu'on les foute à la porte au moindre prétexte.

« Pourquoi est-ce que les polyvalentes devraient se ramasser avec tous les élèves qui font pas l'affaire des collèges privés ? On a notre travail social à faire, nous autres aussi. »

Et il repartait sur son thème de prédilection : les petits bourgeois gavés que nous étions. Sa marotte. Et nous adorions ça. Je crois que ce fut sous sa férule que j'ai enfin compris que l'adolescent moyen adore se faire brasser la cage avec ce genre de discours, et qu'il adore se faire dire qu'il est une lavette, qu'il n'a pas la conscience de vivre, encore moins de conscience sociale, et que le tiers-monde ci, que les pays industrialisés ça, que la planète ci et ça… En fait, l'adolescent moyen adore ça à condition que l'accusateur lui-même ait la révolte dans le sang. Le *frère,* lui, l'avait, indiscutablement. Mais une révolte bien à lui. Une révolte de pédagogue.

Une année, il avait mis sur pied un projet de sentier écologique. L'idée était simplement de nettoyer le petit sous-bois qui jouxtait le terrain des frères, et d'identifier chaque variété d'arbre. Dix ans avant que le mot « environnement » n'envahisse les préoccupations des écolos, le *frère* nous apprenait à aimer la nature dans une circonférence de moins de deux cents mètres carrés.

Il était un homme d'action, certes, mais aussi de réflexion. Grand brasseur de vous-savez-quoi, son optimisme était néanmoins vivifiant. Et bien qu'il pût parfois donner l'impression de nous bousculer, le *frère* ne nous méprisait pas, au contraire : sans le dire, il nous aimait. Je me souviens d'ailleurs l'avoir entendu dire :

– Ils me font rire, ceux qui disent que la jeunesse est pourrie, et que le monde de demain va être une horreur. Moi, au contraire, j'ai bien hâte de voir ce qu'il sera, votre monde. La pourriture, ça fait partie de l'homme, à cause de la survie, mais là j'ai l'impression qu'elle va devenir tellement envahissante que les leaders vont être obligés de se lever pour réclamer du changement. Et ça, ça va être quelque chose. Mais probablement que je vivrai pas assez longtemps pour voir ça, toutes ces révolutions que vos enfants vont faire…

Il parlait ainsi en 1979, le visionnaire.

Nous adorions aussi le mettre en colère. Certes il nous stimulait intellectuellement, mais plus encore, il nous forçait à nous poser des questions sur le sens de notre vie. Et ça *vargeait* dans le tas. Un jour, j'ai osé lui dire, moi le plus timide de tous :

« Vous autres, les frères, vous avez prononcé des vœux de chasteté, mais je suis sûr que la plupart ont quand même des activités sexuelles. »

Il ne m'avait répondu que le lendemain.

« Jeune homme, tu m'as empêché de dormir la nuit dernière avec tes accusations… Je vais te répondre au sujet de la vie secrète des 'tits moines : je vois vraiment pas, dans mon entourage, la majorité de frères à laquelle tu faisais allusion hier. »

Et c'est ainsi qu'un autre débat s'est amorcé ce jour-là : nous avons marché autour de la résidence, puis autour du collège, argumentant posément sous les peupliers en voûte… alors que j'aurais dû me trouver en classe !

« Pas grave, je m'en occupe. C'est pas mal plus important de régler cette question-là avant de te renvoyer en classe. »

Cher Socrate de *frère*.

Nous nous sentions en confiance à ses côtés. Il nous amenait au-delà de nos limites, très loin.

Aux journées culturelles, il animait le kiosque sur les drogues. Ça le fascinait. Mais il nous en parlait d'un point de vue strictement scientifique, sans jamais prétendre posséder quelque vérité morale. Il nous informait, point. Et ça marchait : c'était en plein le discours indiqué pour nous. S'il eût moralisé un tant soit peu, la tentation des paradis artificiels aurait sans doute crû. Savez, les ados…

Lui, en tout cas, il savait.

Puis en secondaire cinq, grands enfants fendants et prétentieux que nous étions devenus, nous avons recroisé le *frère* à ses débuts en enseignement religieux. Il en avait assez de la bio, et il répétait que le cours le plus important de tout notre secondaire, c'était la religion.

Au premier cours, il nous avait dit :

« Quand vous serez sur votre lit de mort, votre bio sera loin ; votre français, vos maths, tout le reste aussi. On vous apprend ces gugusses-là pour vous déniaiser un peu le cortex, pour que vous vous défendiez un peu moins mal dans la vie – avec votre tête plutôt qu'avec vos poings. Mais sans spiritualité, les humains ne sont pas grand-chose : des animaux pensants, tout au plus, et condamnés à errer. »

À ce moment précis, j'ai repensé à mon

fichier animal (j'ignore d'ailleurs pourquoi), et à la scène des catapultes, quatre ans auparavant, qui m'avait tant fait rager… et sans trop comprendre, j'ai eu le goût de le suivre, ce cours de religion.

Évidemment, ça brassait là-dedans. Il nous faisait lire Foglia, invitait des personnes-ressources en classe, nous faisait rédiger de longues « introspections », etc. Il nous engueulait aussi à l'occasion, et nous adorions ça.

Et malgré l'éclatement du cours, c'était bel et bien un cours de religion : Jésus et la Bible étaient là, omniprésents mais discrets, en filigrane derrière le spectacle ahurissant qu'il déployait chaque semaine. Les personnages prenaient vie. Le *frère* les sortait de leur sainteté virginale et leur salissait les mains pour vrai, dans le vrai monde, pas seulement celui de l'Antiquité : le nôtre, tel qu'il était – du moins tel que nos yeux pleins de révolte le voyaient.

Puis, nous avons eu notre diplôme.

Cégépiens en cavale, nous retournions fréquemment au collège barber ceux qui nous avaient remplacés, qui souffraient tellement, les pauvres…

Le *frère* nous réservait alors le traitement royal réservé aux grands de ce monde : un ex-élève, pour lui, c'était sacré. D'habitude si professionnel, si perfectionniste, si « dérangez-moi pas je donne un cours », il stoppait littéralement les machines quand il nous apercevait le bout du nez derrière la fenêtre de sa classe.

Nous entrions, et il nous exhibait comme des bêtes curieuses.

Nous étions pour lui une source de fierté. « Je les ai formés », semblait-il dire du regard.

C'était le privilège des anciens. Et ça durait, ce petit spectacle, deux ou trois belles minutes. Avant de refermer la porte, il concluait en ces mots :

« Vous repasserez à la résidence tantôt. »

Ainsi, il donnait à ses élèves la délicieuse impression qu'une grande complicité voisine de l'amitié s'était installée entre lui et nous, ce qui était sans doute vrai. Et nous nous en gonflions d'orgueil.

Deux ans plus tard, à dix-neuf ans, je me suis envolé vers Haïti avec d'autres frères de la même communauté, où j'ai enseigné la bio, l'anglais, la géo et la physique. Mon cours de bio, vous vous en doutez bien, fut un beau grand plagiat d'admiration. Je m'étais d'ailleurs moi-même dénoncé au *frère* dans une lettre express, à laquelle il avait répondu tout aussi expressément :

« Je n'ai aucun copyright sur ce cours, petit prof, ne te gêne pas ! Sers-toi de mes trucs tant que tu voudras ! Et profites-en. »

C'est en Haïti que j'ai enfin compris la grandeur de ton métier, cher *frère*. C'est là aussi que j'ai décidé que je ferais comme toi dans la vie : prof. Petit naïf... « Mais quelle belle naïveté », aurais-tu sans doute ajouté !

Bien qu'aujourd'hui je quitte l'enseignement, sache que c'est un peu grâce à toi que j'ai vécu toutes ces belles choses et que, somme toute, je m'y suis épanoui. Sache aussi qu'à mes moments de détresse – et j'en ai eu mon lot –, j'ai souvent revu dans ma petite caboche le film de tes cours de bio et de religion, que j'ai conservé bien imprimé *là-dedans*.

Ton spectre a sans cesse plané au-dessus de ma tête de prof pendant ces cinq années.

Et au fait, tu sais quoi ? Quand un élève dépasse mes bornes, il m'arrive de m'entendre dire, comme si une voix me soufflait les mots :

« Ti-cul, tu m'énarves, dewââââr ! »

Et je pèse *jouissivement* sur le « a » accent circonflexe.

L'hiver dernier, alors que j'expérimentais les affres de la syndicalisation au collège du petit caporal, j'ai appelé en détresse un de tes collègues, celui qui avait été président de votre syndicat à l'époque où j'étais élève chez vous. Il m'a raconté comment ça s'était fait, chez vous, la syndicalisation, et à quel point ç'avait été dur.

Il m'a dit que tu avais été toi-même pris entre l'arbre et l'écorce à ce moment-là, étant à la fois membre du corps professoral et membre de la communauté propriétaire. Il manquait une seule carte d'adhésion pour que le syndicat soit accrédité chez vous. Tu l'as signée. Et tu savais très bien qu'en faisant une telle action, tu t'exposais aux médisances et aux regards accusateurs de certains membres de ta communauté. Ça ne t'a pourtant jamais arrêté.

À ma dernière visite chez toi, je t'ai raconté mon combat syndical. Puis, tu m'as donné ta propre version de l'épopée de la syndicalisation à ton école. Et pour te justifier (je ne te le demandais même pas), tu t'es contenté de dire :

« C'est sûr qu'il y en a quelques-uns à la maison qui ont mal pris ça, et qui m'ont même accusé de jouer dans le dos de la communauté… Mais il fallait être solidaire des autres profs. Il y avait des problèmes très très sérieux à régler avec la direction. »

Puis, en ce même jour de mai (nous étions dehors, devant la résidence des frères), j'ai regardé devant moi : là-bas s'étendait le terrain des frères, près du boulevard Gouin, comme dans ma mémoire. J'ai rêvé à voix haute :

« Je me souviens du petit chemin qu'on prenait pour aller à l'autobus. C'était un sentier étroit, en terre battue… il longeait le sous-bois, là où on avait fait le sentier écologique. Tu te souviens ? Ouach… ils ont coulé un trottoir d'asphalte à la place. Me semble que ça fait pas mal moins campagne que dans le temps… »

Puis, en balayant le terrain de la main, j'ai ajouté, rasséréné :

« Au moins, le terrain, vous lui avez pas touché.

– Regarde-le bien pendant qu'il est encore là…

– Quoi ? Tu vas pas me dire que vous allez asphalter le terrain aussi !

– Pas nous ; mais c'est possible qu'on le vende à des promoteurs immobiliers. Y a une petite fortune là-dedans… »

Un poignard m'est entré dans la mémoire.

« T'es quand même pas d'accord avec ça, toi ! ?

– Non non, sûr que non, tu me connais. Mais il y a de la grosse pression dans la communauté pour qu'on vende. Moi, je leur dis que tout ça, c'est notre héritage : le bois, le terrain, les arbres… »

Ouf. Il n'avait pas changé de discours.

« Parlant d'arbres, (je me suis tourné la tête vers l'aile ouest de la résidence)… mon arbre, regarde, le vieux chêne, il est toujours là !

– Il est toujours là, mais…

– … j'étais sûr qu'on finirait par l'abattre.

– Lui aussi regarde-le comme il faut, Benoit. Tu peux même en profiter pour lui faire tes adieux, à moins que tu comptes repasser d'ici la fin de l'été. »

Je suis resté longuement interdit.

« T'es vraiment sérieux ? C'est quoi l'affaire ? Il est malade ?

– Non non, en parfaite santé.

– Alors…

– Le campus primaire va être agrandi l'an prochain, et on va construire une aile entre la piscine et le stationnement. Personne n'en a parlé, mais je suppose que ça veut dire qu'il va falloir couper l'arbre. »

Il s'est arrêté un moment, puis a repris sur le ton de la confidence :

« Il y a de ces iconoclastes en liberté qui ne demanderaient pas mieux, au nom du "progrès"… »

J'étais triste pour l'arbre. Et pour mes souvenirs… mais tellement heureux de voir le *frère* poursuivre l'éternelle croisade ! L'âge ne l'avait donc pas ramolli.

« En tout cas, ce sera dommage pour les élèves qui aiment rêver en regardant les arbres, en haut, dans la salle d'étude. »

LES INSTITUTIONS

7

Les sciences de l'éducation : antichambre de l'incompétence

À l'université, on apprend la théorie, mais les profs sont dans les nuages : on dirait qu'ils n'ont jamais mis les pieds dans une école secondaire[1].

Une jeune prof.

L'université donne opiniâtrement dans la « démarche scientifique », vous savez tous cela. Ah la la… si seulement les universitaires savaient à quel point l'éducation n'est pas une affaire de science, mais plutôt une affaire de cœur, ils n'oseraient jamais associer aussi pompeusement science et éducation.

Une science, c'est quelque chose qui se

mesure. Or, l'éducation ne se mesure pas. L'éducation est un nez avant d'être un mètre à mesurer. C'est un cœur avant d'être une tête. Une pulsion avant une intention. Et c'est bien plus une pratique qu'une théorie.

C'est une vocation.

On ne m'a pourtant jamais enseigné cela à l'université. Ce fut tout le contraire.

Évidemment, l'enseignement *peut* aussi être toutes ces choses (un métier, une mesure, une tête, une intention, une théorie): les temps ont changé et il y a maintenant une certaine connaissance du métier qu'autrefois l'instinct suffisait à remplacer. Mais hélas, les programmes des sciences de l'éducation incitent surtout les jeunes profs à vénérer les connaissances pédagogiques au détriment de leur instinct.

Ce que les universitaires ne veulent pas comprendre, c'est que leur bouillabaisse, qu'on appelle pédagogie, est somme toute assez secondaire dans l'acte d'enseigner. Elle vient après l'essentiel.

Et l'essentiel se résume à trois choses toutes simples :

1. Beaucoup de passion pour sa matière.
2. Un peu de psychologie et d'humour.
3. Énormément d'amour de la jeunesse.

Dead poets society

De tous les cours que l'on m'a fait suivre en « sciences » de l'éducation, un seul m'a véritablement nourri : mon stage. Je n'ai presque rien retenu des autres cours.

« Psychologie de l'adolescence » fut une blague monumentale, où l'on nous parlait du « jeune » en tant « qu'entité sociale en soi-même autonome et définissable » (hmm), et où l'on nous faisait faire des simulations du genre : « Un élève t'envoie promener, comme ça, pour rien ; comment tu réagis ? » Une sorte de LNI de la pédagogie. Deux minutes pour attribuer les rôles et préparer les interventions. Par équipes de trois. Consigne : vraisemblance. Durée : cinq minutes.

Les profs n'étaient pourtant pas vilains, et les élèves inscrits au programme étaient plutôt sympas, mais tout cela ne rimait absolument à rien. J'avais l'impression d'avoir été catapulté en pleine *twilight zone*. Essayez de me comprendre un peu : quatre ans auparavant, j'avais enseigné en Haïti à des élèves sous-alimentés dans le fin fond de la brousse, où il n'y avait ni électricité ni eau courante, et où les classes n'avaient pas de fenêtres, où le matériel didactique était désuet, etc. L'abc de l'enseignement, quoi. La grosse base. Il fallait donc s'en remettre à l'essentiel : le cœur et l'âme qui donnent, le cœur et l'âme qui reçoivent.

Alors vous imaginez, quand on m'a parlé à l'université de « psychologie de l'adolescence », de « gestion de classe », d'« organisation fonctionnelle des paramètres paradigmatiques de la langue », d'« interventions orientées », de « renforcement positif », d'« approche piagétienne », de « théorie behavioriste », de « variation des stimuli », etc., je balayais le plafond du regard en me disant que j'aurais donc dû écouter mes voix intérieures et me faire moine bénédictin.

Mais j'ai repris espoir en allant au cinéma un jour de grisaille où il me semblait que tout ce monde – l'enseignement au secondaire – n'était pas fait pour moi : c'est le Professor Keating du film *Dead Poets Society* qui a trouvé le fin mot pour qualifier tout ce jargon hermétique. Ce mot, qui libéra mille pulsions malsaines que je retenais contre mon gré vis-à-vis des sciences de l'éducation, traduit assez fidèlement un sentiment que je maintiens toujours. Rappelez-vous, il l'emploie au début de son premier cours de littérature : après avoir lu la préface d'un vieux croûton affirmant que la qualité des poèmes peut être évaluée grâce à des graphiques, Keating invite ses élèves à déchirer les premières pages en disant :

« Do you know how we could qualify this ? *Excrement.* »

Micro-enseignement

Le pire de tous ces cours, c'était bien sûr le micro-enseignement. Je dis « le pire » parce que c'était à la fois le plus prétentieux et le moins « nutritif ». Dans les corridors du pavillon des sciences de l'éducation, on vénérait pourtant ce fameux cours « qui avait tellement fait ses preuves, ma chère, aux États-Unis ». Pour tout dire, on ne jurait que par le micro-enseignement. Pour être *in*, il fallait souscrire inconditionnellement aux vertus de ce micro-enseignement.

En gros, il s'agissait pour nous, futurs profs, de nous enseigner entre nous. On nous divisait en petits groupes de sept ou huit élèves (d'où « micro », merci merci), tous spécialisés dans des matières différentes, et on se donnait des micro-cours. On disposait de dix précieuses minutes pour étaler notre savoir selon les trois phases sacro-saintes de la pédagogie : théorie, pratique/correction, retour.

Par exemple, une règle de grammaire : trois minutes d'explications, quatre minutes d'exercices, deux minutes de correction et une minute de clôture (avec rappel de la règle). Parfois, on faisait venir de vrais micro-élèves. Après notre micro-leçon, nos micro-élèves nous micro-évaluaient. Ils nous donnaient des micro-notes.

Et hop, « Y a d'la micro-joie… » (Micro-Trenet)

Je me moque un peu, mais disons que l'idée du micro-enseignement n'aurait pas été aussi mauvaise si on s'était simplement donné la peine de dire aux futurs profs :

« Écoutez, l'enseignement au secondaire, ce n'est pas ça ; mais comme on ne peut pas faire mieux avant vos stages, essayez d'en tirer le maximum, tout en voyant ses failles. L'objectif est surtout de vous amener à parler de votre matière devant des gens qui la connaissent moins bien que vous, et de vous habituer à diviser vos cours en deux ou trois parties. »

Mais non. La modestie n'étreint pas nos scientifiques à ce point. Au lieu d'un langage humble et réaliste, on nous en beurrait épais avec les vertus « curatives » de ce remède miracle. Le micro-enseignement était *le* cours où il fallait briller.

Alors moi évidemment, par réaction, je faisais le pitre. Curieusement, ça marchait : mes collègues rigolaient et j'arrivais à leur enseigner plein de trucs sans qu'ils s'emmerdent. Cependant la prof, elle, trouvait ça moins drôle.

« Tu sais, Benoit, l'humour peut être un excellent véhicule d'intentions pédagogiques à condition bien sûr de savoir en faire un usage modéré. »

Menteurs et olibrius

Bon, revenons un peu à nos sciences de l'éducation. Je disais tantôt que la formation que l'on donne à nos futurs profs est tout à fait médiocre. Comment pourrait-il en être autrement ? D'emblée, le titre du programme est faux : l'éducation *n'est pas* une science. Alors, tout ce qui gravite autour du concept de science est un mensonge. Et on fait fausse route dès le premier virage.

Les élèves inscrits à ce programme ne se rendent pas compte à quel point on les berne avec ces prétentions – même si les sarcasmes de plusieurs laissent croire qu'ils en ont au moins l'intuition. Ils pensent très sincèrement que tout, aujourd'hui, est affaire de science, donc que tout est mesurable, et ils appliquent cela bêtement à leur profession. Que voulez-vous, tel est notre monde : la science est omniprésente et omnipotente. Et elle « éclaire » nos vies.

Je ne nie pas qu'il puisse effectivement y avoir différentes écoles de pensée en pédagogie. Ce que je nie, par contre, c'est cette prétention très universitaire selon laquelle il existe de bonnes et de mauvaises méthodes. « On doit faire ceci et on ne doit pas faire cela. »

C'est faux, faux, faux, et archifaux. Car tout dépend des gens, c'est-à-dire des élèves et des profs à qui on a affaire.

Et puisqu'on parle des gens, parlons donc de ce joyeux olibrius du département d'éducation de l'Université de Sherbrooke qui pontifie depuis des années ses trouvailles dans le milieu des *pédagogueux.*

Le genre « cerveau pas de tripes ».

Il y a quelques années, j'assistais à un congrès de professeurs de français au Sheraton Laval. Monsieur l'olibrius y pontifiait allégrement sur les stratégies cognitives. C'était la conférence d'ouverture : *ze* big thing of ze conférence, ma chère.

Il nous parlait littérature ; j'ai donc tendu l'oreille. (Autrement, j'aurais continué de dormir.) Mais j'ai rapidement déchanté : à l'instar de tous les tatas de son espèce en liberté, il mettait de gros bémols à l'urgence de réinsérer la littérature dans le corpus du français au secondaire. Et pour se justifier, monsieur disait que le danger dans l'enseignement de la littérature, c'était de méconnaître les stades cognitifs que traversent les adolescents et de les submerger d'un flot d'informations incompréhensibles par le biais de livres trop difficiles pour eux (entendre : qui vont plus loin que leur vécu), susceptibles de les faire décrocher de la lecture, etc. Et là, les petit amis, ça y allait par là : les termes techniques, les envolées théoriques, les études américaines, les fondements de la pédagogie moderne, et tout ce jargon sanctifié. Olé.

Ce qu'il nous disait en gros, c'était de respecter l'évolution du « jeune » avant de l'assommer avec des classiques de la littérature française. Ou si vous préférez, en termes clairs, éviter d'enseigner Rabelais dans le texte à des marmots de secondaire un. Bravo. Avions-nous besoin des études américaines pour savoir cela ?

Alors on l'a laissé causer. Monsieur l'olibrius nous prenait, nous les profs, pour des raisins mûrs. Mais le gigantesque sapin là-dedans, c'est que l'olibrius nous lisait son texte de facon monocorde, sans jamais en sortir, sans jamais vulgariser, sans jamais lever les yeux, sans jamais changer ni de ton ni de vitesse, sans gesticuler, et surtout *sans se soucier si on le suivait ou non.*

Autrement dit, monsieur se permettait de nous dire comment enseigner alors que lui-même était incapable de garder l'attention d'un auditoire qui était, de surcroît, déjà acquis au propos de sa conférence.

Et ça roupillonnait un peu partout.

Voyez le genre de tata ? Eh bien, ils pullulent et sévissent, ces tatas-là. Celui-là vient même de publier une monstrueuse brique de 500 pages sur la psychologie cognitive. Captivant. (Surtout la fin, avec la poursuite en voitures dans les rues de New York…)

Mais revenons à la pédagogie. Je vous disais que l'instinct du prof doit primer sur la méthode pédagogique. Si un prof décide de donner son cours en marchant sur les mains, en parlant verlan, en montant sur son bureau ou en hypnotisant ses élèves (plusieurs le font sans s'en rendre compte), c'est son affaire. Tant qu'il sait ce qu'il fait, et tant que ça marche… bref, tant qu'il arrive à ses fins sans choquer personne, il n'y a pas de problème. Autrement dit, il n'existe ni bonnes ni mauvaises méthodes : il existe de bons et de mauvais profs. Point.

Pas de sots métiers ; que de sottes gens.

Si effectivement l'enseignement peut être un « métier à apprendre », croyez-moi, ce n'est certainement pas dans le cadre des sciences de l'éducation qu'on l'apprend vraiment. Temps et pratique suffisent, car tout se passe dans une salle de classe. Je puis en témoigner : j'ai failli rater mon deuxième stage et mes notes ont été médiocres dans mes autres cours, pourtant ça ne m'a pas empêché de devenir un bon professeur en moins de deux ans. *En enseignant,* tout simplement.

Alors, me direz-vous, si ce programme universitaire ne vaut pas plus cher, que faut-il faire pour assurer une relève solide dans l'éducation ? C'est très simple. Tout se joue au moment de la sélection des candidats. Voyez l'exemple suivant.

Un joure, je cerez profèseur de phransè !

> [...] le système d'enseignement a besoin d'éducateurs très compétents. Quels que soient les programmes, les normes établies, les expériences mises en chantier, c'est du personnel enseignant que dépend en définitive la solution[2].
>
> Rapport Parent, 1963

Cessez donc, messieurs dames des universités, d'accepter n'importe qui dans vos programmes des sciences de l'éducation. Récemment, *La Presse* (2 décembre 1995) nous apprenait que 37 % des étudiants acceptés en sciences de l'éducation à l'Université de Montréal avaient échoué à l'examen de français en 1995 ; encore pire, cet examen était une composition *de niveau secondaire cinq* que les étudiants en droit, en médecine, en optométrie et en pharmacie avaient réussi dans une proportion de 84 % et plus.

D'abord, il y a beaucoup trop de candidats inscrits aux sciences de l'éducation pour nos modestes besoins. Je ne comprends pas votre incapacité chronique à planifier la relève en fonction des besoins réels du marché du travail. S'il y a un secteur où il me semble plutôt facile de prévoir à court, à moyen et à long terme les besoins de demain, c'est bien l'enseignement. Vous disposez de tous les outils nécessaires : l'âge du corps professoral, les années d'expérience, les clauses des conventions collectives sur la retraite, l'évolution de la courbe démographique de la population québécoise... Vous pourriez très facilement conclure que, d'ici dix ans, notre système d'enseignement devrait avoir besoin de x nouveaux profs, et en former un nombre suffisant, ou légèrement supérieur.

Mais vous ne le faites pas, et on se retrouve avec des tas de jeunes profs au chômage, sur des listes d'attente et des listes de rappel, de disponibilité, de suppléance... Vous les faites moisir pendant des années et souvent ils sont écœurés de l'enseignement avant même de décrocher leur premier vrai contrat. Pour ma part, je m'estime très chanceux d'avoir rapidement eu du boulot et de n'avoir mis que cinq ans à comprendre que tout ce cirque est un attrape-nigauds.

Restreignez donc le nombre des admissions. Choisissez la crème, ce n'est pourtant pas compliqué. Et il y en a, de la crème. Dans nos universités, c'est plein de jeunes gens brillants, altruistes, pas trop carriéristes ni matérialistes, et juste assez ambitieux ; bref, tout ce qu'il faut pour modeler de la bonne pâte de professeur. Attirez-les, interviewez-les, faites-leur subir une interminable batterie de tests. Bref, soyez sérieux.

Relevez le niveau des exigences de votre département et rendez à la profession sa noblesse. Moi, vous m'avez accepté comme ça, en français, sans vraiment me demander qui j'étais. Vous vous êtes dits que, doué ou non pour l'enseignement, votre machine à saucisses aurait tôt ou tard raison de ce jeune raisin, et qu'après mon année de formation, je serais « apte à mettre en pratique le fruit de mon apprentissage ». Bêtement, comme ça.

Je vous ai proposé ma candidature comme professeur de français au secondaire, et vous m'avez accepté sans me faire passer de tests de français. Pas vous. Pas votre département. L'université si – comme tous les étudiants nouvellement inscrits doivent le faire –, mais pas vous. C'est grave. D'autant plus grave que j'ai eu des collègues en enseignement du français langue maternelle, chez vous, *qui ne savaient pas écrire le français*. Je me rappelle avoir parcouru le rapport de stage d'une collègue en m'arrêtant systématiquement à chaque ligne pour encercler des fautes. Elle avait échoué à son test d'entrée en français, alors l'université l'avait inscrite à un cours de rattrapage. Non mais vous rendez-vous compte ? Au lieu de lui montrer poliment le chemin de la sortie, on lui a dit en substance : « Tu as échoué ce test de français, toi qui enseigneras peut-être le français dès l'an prochain. Mais ce n'est pas si grave : avec un bon cours d'orthographe et de grammaire, ça devrait aller. »

La foi de certains universitaires en leurs

tout-puissants programmes me déconcertera toujours.

Un jour, notre « didacticien » (en français) nous a fait faire une dictée d'une dizaine de phrases. Son but, fort noble, était de nous montrer l'art de bien lire une dictée. Le texte était tout simple, sans véritables pièges. L'exercice terminé, il a demandé à ceux qui avaient fait moins de trois erreurs de lever la papatte. Nous fûmes seulement sept ou huit sur vingt-cinq à nous exécuter. Juré craché. Un malaise s'est aussitôt insinué : nous nous regardions à la dérobée. Certains avaient fait jusqu'à huit fautes. Était-ce possible ? Notre didacticien a dû intervenir.

« Je savais que ça donnerait ça. Ça fait plusieurs années que je fais le test avec cette dictée-là. Il n'y a pas de gros pièges mais c'est plein de petites subtilités qui peuvent nous échapper si on ne fait pas attention. Alors, ceux qui ont fait des fautes, ne vous formalisez pas trop de ça, et que ça ne remette pas en question votre choix de carrière : mais que ça vous serve de leçon. En français, il est dangereux de se surestimer et de tenir quoi que ce soit pour acquis. »

Disons que j'ai trouvé notre didacticien extrêmement poli. La leçon à retenir, pour moi, c'était que n'importe quel beignet pouvait s'inscrire en enseignement du français langue maternelle, et devenir professeur pas longtemps après.

C'était en 1989-1990, peu avant que les

chiffres alarmants sur l'état du français dans nos écoles secondaires n'ébranlent l'opinion publique québécoise. Peut-être, chers universitaires, avez-vous ajusté votre tir depuis. Peut-être y a-t-il moins de ces *mésadaptés pédagogico-scolaires* dans vos sciences de l'éducation… Je le souhaite. J'ai ouï dire que dans certaines universités, la sélection des candidats s'est resserrée. Tant mieux si c'est vrai. Je ne raconte ici que ce que j'ai vu et vécu il y a six ans à Montréal. Et ma conclusion est que vous avez fait preuve d'irresponsabilité en acceptant autant de candidats, et surtout autant de candidats de piètre qualité. Et je n'ose même pas parler de l'absence totale de culture littéraire chez au moins 50 % des candidats inscrits au programme d'enseignement du français langue maternelle.

Alors permettez-moi de prendre quelques instants pour le remodeler un peu, votre département. D'abord, appelez-le autrement. Appelez-le tout simplement « Enseignement au secondaire », ou, si vous sentez monter en vous un accès de nostalgie, « Formation des maîtres ». Ce serait plus honnête. Ensuite, planifiez. Filtrez les entrées et ne retenez que les candidats à la fois compétents et un tantinet missionnaires dans l'âme.

Ne conservez que trois cours : didactique, stages, et histoire de l'enseignement. Puis, mettez-y le paquet. Faites-leur faire de longs stages où les candidats assumeront *toutes* les tâches du prof régulier. En didactique, faites-leur décortiquer leur matière de fond en comble afin qu'ils deviennent de véritables petites sommités ambulantes *avant même* de mettre le gros orteil dans une salle de classe. En histoire, faites-leur apprendre le corpus du cours classique d'autrefois, forcez-les à lire le rapport Parent, et donnez-leur à bouffer toutes les réformes depuis 1965.

Qu'ils en régurgitent. Le reste, vous n'y pouvez rien. L'âme de prof, ce n'est pas vous qui la ferez éclore. Vous n'y pouvez rien. Elle éclora ou n'éclora pas ; et ça dépendra de la volonté, de l'intelligence et de la sensibilité des futurs professeurs. À vous d'avoir assez de pif pour retenir des candidats intelligents, sensibles et volontaires.

Vous pourriez même ajouter un cours : « témoignages de profs ». Une fois par semaine, les élèves écouteraient de vieux routiers de l'enseignement se raconter. Pas de poussage de crayon, pas d'étude, pas de tests, pas de notes. Juste de l'absorption. Présence obligatoire.

Autrement dit, la transmission du flambeau. Le retour de l'instinct : beaucoup de passion, un peu de psychologie et d'humour, et énormément d'amour de la jeunesse. Ce n'est pas particulièrement scientifique, mais ça fonctionne.

C'est même étonnant à quel point ça fonctionne.

8

L'école privée : tentation d'abus de pouvoir

> [...] je me demande si en réaction au laxisme de l'école publique, n'est pas en train de se répandre une imposture pire encore. Je me demande si en quelques casernes du savoir privé, on n'est pas en train d'inventer une nouvelle façon d'enseigner : comme on marche sur la neige fraîche, en laissant les traces bien nettes, bien dessinées de ses gros sabots[1].
>
> Pierre Foglia

Il faut y voir. Ça urge. Le secteur privé de l'enseignement est devenu, dans bien des cas, une illusion d'optique : on y vend de l'image comme les usines de *shoe-claques* vendent leurs *shoe-claques*.

Et cette business est parfois dirigée, hélas, par des incompétents qui ne sont là que pour se bourrer les poches et qui traitent profs et élèves comme du bétail.

Je vous ai raconté mon « lourd » passé dans deux écoles privées. N'allez surtout pas croire qu'il s'agisse de cas isolés. J'en connais plusieurs autres, par ouï-dire. C'est un petit monde, et on a tous des collègues ailleurs ; tout finit par se savoir. Et ce qui ressort de ce tableau, c'est la tentation de l'abus de pouvoir.

Cependant, je tiens à préciser qu'il existe certainement plusieurs écoles privées dirigées par des gens à la fois honnêtes et compétents : ceux-là, il va sans dire, ne doivent pas se sentir visés par ma dénonciation.

Directeurs d'écoles : public contre privé

Les directeurs d'écoles du secteur privé ont des pouvoirs *de facto* plein les poches, contrairement à ceux du public qui ont toujours quelqu'un au-dessus d'eux.

Même dans une école syndiquée du secteur privé, déposer un grief n'est jamais aussi simple que dans le secteur public : car il y a les lendemains du grief, et un patron tout-puissant sans scrupule peut s'ingénier pendant des heures à débusquer de nouvelles façons d'embêter ses profs dissidents. Dans le secteur public, par contre, ça me semble beaucoup moins évident, à cause précisément du fait que les employeurs sont moins puissants que dans le secteur privé.

Ensuite, une école publique n'appartient jamais à son directeur, alors qu'une école privée appartient généralement à un ou plusieurs individu(s) chargé(s) de veiller à la « santé financière » de l'établissement. L'école business, c'est ça. Vous seriez d'ailleurs estomaqués du nombre de directeurs d'écoles privées qui se sont fait de petites fortunes grâce à ce système. Évidemment, c'est difficile à prouver : il y a mille et une façons de camoufler les petites évasions, les trous dans les budgets, les détournements... Mais vous n'êtes pas naïfs, allez, et vous en avez vu d'autres, je vous fais confiance : vous comprenez exactement ce que je veux dire. Qu'est-ce qui empêcherait, par exemple, un d.g. d'école privée de choisir lui-même ses pions jusqu'au conseil d'administration ? Que dis-je, surtout au c.a. ? C'est précisément ce que plusieurs arrivent à faire, directement ou indirectement. (Tout est dans la façon de tenir la marionnette.)

Me croiriez-vous si je vous disais que quelques mois avant de me lancer dans la bataille syndicale (que j'ai relatée plus tôt), je siégeais moi-même au conseil d'administration de cette école ? Eh oui, en tant que représentant des professeurs. Après une année, j'ai compris le scénario : le comité exécutif du c.a. était *majoritaire* au c.a. ! Il comptait cinq membres sur neuf, donc toutes les décisions étaient prises en circuit fermé. Les réunions mensuelles n'étaient évidemment que du bluff : l'exécutif y présentait des décisions – déjà prises – sous forme de « possibilités », d'« alternatives », etc. Et on faisait semblant de discuter un peu pour la forme, et surtout pour donner aux quatre autres membres – dont moi – l'illusion que la démocratie régnait. De la frime savamment orchestrée par le d.g. et le président. Dans le secteur public, on ne peut pas jouer ce jeu aussi facilement, car les directeurs d'écoles ont des comptes à rendre à leurs supérieurs des commissions scolaires, qui eux en ont à rendre aux commissaires, qui sont élus par le peuple. Ça fait pas mal de monde à manipuler, donc pas mal de risques pour les magouilleurs potentiels de se faire démasquer.

Du secteur privé au secteur public, la dynamique est complètement différente. Il est beaucoup plus difficile pour un haut placé d'une commission scolaire de faire la pluie et le beau temps dans son patelin que ce ne l'est pour un directeur d'école privée. Ajoutez à cela que certains conseils d'administration d'écoles privées sont composés en grande partie de gens provenant de milieux autres que l'éducation, et que, n'y connaissant rien, ils deviennent particulièrement vulnérables à la manipulation de n'importe quel d.g. sans scrupule, qui a alors la voie libre pour régner sans opposition. D'ailleurs, ce n'est pas pour rien que certains d.g. d'écoles privées se montrent si possessifs quand ils parlent de *leur* école : ils s'y sentent chez eux et agissent comme dans leur salon. J'en ai même connu un qui appelait son école *la maison*.

« Je ne tolère pas ce genre de comportement dans *la maison*, disait-il. »

Pour des gens dont le business dépend à 60 % de la poche des contribuables, c'est ce que j'appelle prendre ses aises.

Et les parents ? Ne comptez pas sur les parents pour dénoncer les abus de pouvoir du secteur privé. Dès qu'ils reniflent la merde, les parents honnêtes retirent leurs enfants et on n'en entend plus parler. Quant aux parents malhonnêtes, s'il s'en trouve…

Drogue : et rebelote

Ah, la drogue… cette vilaine tare qui ternit la blancheur virginale de nos beaux collèges chastes et purs…

Voyons donc. Tout le monde sait que les collèges privés sont des fourmilières de drogue. C'est là qu'est l'argent, c'est là qu'est la drogue, ce n'est pas compliqué. Mais il faut masquer la plaie, paraît-il. Généralement, les élèves pris avec de la drogue sont expulsés, à moins que papa ne graisse un peu la papatte de monsieur le directeur. Dans plusieurs cas, dont j'ai moi-même été témoin, il s'agissait là encore d'abus de pouvoir.

« On a trouvé de la drogue dans ta case. *Out !* »

J'ai même entendu des élèves expulsés (pour possession de drogue) me raconter qu'on leur avait fait signer une lettre d'aveu où on avait ajouté, *après* signature, tout un paragraphe incriminant d'autres élèves.

Comprenez-moi bien : je ne fais pas ici l'apologie de la drogue. Je suis d'avis, au contraire, qu'un *pusher* démasqué, par exemple, devrait se faire botter le cul, tout comme le consommateur récidiviste qui ne veut absolument pas changer. Là où je décroche radicalement, par contre, c'est quand je vois les petites polices internes des collèges privés bomber le torse parce qu'elles ont enfin réussi à foutre à la porte tel ou telle élève *soupçonné(e)* de se droguer.

Et évidemment, qui hérite de ces cas-là ? Le réseau public, qui est obligé de les recevoir et de les garder.

Les directeurs d'écoles privées où j'ai vu se produire ces abus de pouvoir étaient totalement indifférents à ce qui allait arriver à ces élèves, une fois expulsés. Tant que l'image et les performances de la maison restaient intactes…

« Dans notre école, les drogués n'ont pas leur place, ai-je souvent entendu. »

Les drogués, non ; mais les directeurs incompétents aux mœurs douteuses, pourquoi pas…

Donald et ses canards

Dans un de ces collèges privés chic et de bon goût, trois jeunes profs (dont votre humble serviteur) avaient monté un sympathique blues band en prévision d'un concert bénéfice dans l'un de ces collèges où l'abus de pouvoir est criant. Le but du concert était d'amasser des fonds pour les paniers de Noël. Pour vous donner un indice du sérieux de l'entreprise, le nom du band était Donald et ses canards.

J'avais suggéré le Pas rapport blues band, mais…

Notre répertoire comportait une version blues de *With a little help from my friends*, une compo instrumentale, *Twist and Shout*, une compo (dérisoirement) intitulée *Comment suis-je tombé aussi bas ?* et un autre truc blues dont j'ai oublié le titre. Un clavier/sax, une guitare et une basse, avec un batteur invité. Rien de particulièrement satanique.

Les élèves déliraient : dans leur sacro-saint temple du collet monté, dans cette prison de vieux emmerdeurs, trois jeunes fripons de profs se trémoussaient en jouant leur musique à eux. Tout cela était de bon goût et respectait une certaine éthique : nous ne portions même pas de jeans.

Pas un élève n'est resté cloué à son siège : ce fut la folie furieuse.

Mais pendant la deuxième *toune,* le directeur est entré dans l'amphithéâtre et a exigé, en pestant contre nous, qu'on baisse illico le volume. Nous ne nous entendions même plus dans les moniteurs, car une cacophonie (d'enthousiasme), provenant de la salle, nous enterrait complètement…

Après le show, le patron, jaune-vert-mauve, gueulait, enrageait, suintait de colère contre nous, devant ses propres élèves.

« C'est de la musique de drogués ça, je veux pas de ça dans la *maison.* Ils vont en entendre parler, ces jeunes profs-là. »

Justement, on en a entendu parler. Un à un,

dans son bureau, comme des grands bébés-lala aux couches. Entre-temps, nous avions récolté quatre mille dollars pour acheter de la nourriture à des familles nécessiteuses ; mais ça, notre sympathique directeur ne nous en a jamais félicités.

Mein Kampf

Allons-y d'une dernière petite anecdote. Celle-là fera dresser sur la tête les cheveux de tous ceux qui idéalisent encore notre société prétendument évoluée, égalitaire et tolérante.

Un samedi au collège, il y avait examens d'admission pour les élèves de secondaire un. On avait donc demandé aux profs intéressés à y faire de la supervision de remplir un formulaire. J'ai rempli le mien. Il n'a pas été retenu. Je n'ai pas trop compris pourquoi, étant donné qu'il semblait leur manquer du personnel…

Mon collègue m'a tout expliqué le samedi soir même :

« T'as enseigné en Haïti, pis tu vis avec une Noire. »

C'était donc cela. Ils avaient trouvé risqué de m'embarquer dans leur galère : pendant les examens, les surveillants, munis des listes des candidats, devaient faire un petit point noir à côté du nom de chaque élève de race noire.

Pour la sélection, sans aucun doute.

Si si si, je vous jure. Pas un prof n'en parlait, évidemment. C'était archi tabou. La moindre fuite aurait pu entraîner des conséquences épouvantables.

Curieusement, pour une école située dans une région où la clientèle ethnique pullulait, il y avait très peu d'élèves noirs à ce collège. Sur 140 élèves, j'en comptais seulement quatre (3 %) dans mes classes. De toute évidence, l'idée était d'éviter la contamination ethnique. On voulait sans doute conserver le bassin d'élèves «pure laine», car un nombre trop élevé d'élèves noirs aurait pu entraîner la ghettoïsation de l'école et faire fuir une clientèle fidèle et performante de petits bourgeois...

Ah la la la la... quand la pureté aryenne est menacée !

Incompétence

J'ai une question très importante à poser au ministère de l'Éducation. Dans le réseau des écoles secondaires, on exige des profs qu'ils aient des qualifications légales pour enseigner : spécialisation, permis, brevet. Pas de brevet, pas de job. Alors, *comment se fait-il qu'on n'exige aucune compétence officielle pour être directeur d'une école privée au Québec ?*

Ce fut tellement frustrant de m'être fait mener par des incompétents qu'il me semblerait criminel de ne pas alerter l'opinion publique sur ce scandaleux état de fait. Au Québec, n'importe quel businessman n'ayant jamais enseigné de sa vie peut, s'il a l'argent et des relations au MEQ, ouvrir son école et en assumer la direction. C'était précisément le cas de la seconde école où j'ai enseigné. Le directeur général n'avait d'expérience ni dans l'enseignement ni dans l'administration scolaire quand il a pris en main ce collège. Son adjointe, la directrice du campus primaire, n'en avait pas plus.

Ces gens s'infiltrent au sein de comités prestigieux et se font des relations qui leur permettent d'avancer au sein de la jungle des écoles privées. Et ces gens administrent des fonds publics. Car n'oubliez pas ceci : des écoles privées sont presque toutes subventionnées à 60 %. Ça fait de l'argent ça, beaucoup d'argent. Et ça vient du trésor public. Alors, qu'on cesse donc de donner aux directions d'écoles privées le plein pouvoir en matière de gestion interne et d'administration, et qu'on les soumette aux mêmes règles que dans le réseau public. Ça presse.

Les personnes visées par cette dénonciation, évidemment, vous répondront : « Non, non non, nous ne faisons pas ce que nous voulons, nous sommes soumis à des lois très strictes, il y a les programmes et le curriculum du MEQ... », etc., etc. Oui, ils doivent se conformer à certaines lois ; mais pour avoir suffisamment évolué dans ce milieu, laissez-moi vous réaffirmer que n'importe quel incompétent – je veux dire, incompétent *par absence de formation pertinente* – peut se hisser à la tête d'une école privée et y rester. Je ne prétends pas que cela soit monnaie courante. Mais c'est *possible,* et ça *existe.*

Comme prof, j'avais un bac et un brevet ;

j'étais plus instruit et plus expérimenté que mes deux patrons. Vous trouvez cela normal ?

Vide existentiel

Ce que je trouve déloyal de la part du secteur privé de l'enseignement secondaire, c'est qu'il prétende détenir la clé du succès et qu'il en donne pour preuve ses « performances » aux examens du MEQ. Or, tout le monde sait que la cause première du « succès » des écoles privées aux examens du MEQ est leur pouvoir de sélection. Les élèves du privé sont triés sur le volet, et c'est principalement de là que vient leur force relative.

Si seulement il y avait une différence substantielle entre le public et le privé du point de vue de la *formation* des jeunes, je passerais plus facilement l'éponge sur cette attitude hautaine. Mais ce n'est pas le cas. En fait, plusieurs écoles privées souffrent actuellement d'un épouvantable vide existentiel.

L'école privée ne reconnaîtra jamais que son pouvoir de sélection est le principal artisan de ses *performances*. Ce serait admettre publiquement l'échec de ses structures pédagogiques et de sa différence. Et ça mettrait peut-être un terme à son existence. Vous voyez bien qu'on a tout intérêt à ce que les choses ne changent pas et à ce que les bavures relevées ici ne soient jamais étalées sur la place publique.

Question de blancheur virginale.

9

Le ministère de l'Éducation : panthéon de la bêtise

Les problèmes de l'enseignement n'ont peut-être jamais occupé une place aussi importante dans l'opinion publique[1].

Rapport Parent, 1963

Et pourtant, plus de vocations, plus de mission.

Au MEQ, que des salariés, des spécialistes et des réformateurs qui justifient leur poste en vadrouillant de réforme en réforme, d'États généraux en consultations populaires, d'inventivité langagière en approche modernisée...

De la grosse frime.

Messieurs dames du MEQ, je vous accuse de trahir l'école.

Où sont les humanités ? L'histoire, les langues, la littérature, la géographie, où sont-elles ?

Où est l'autorité du professeur ?

Qu'avez-vous fait de l'effort, de la pensée, de la culture ?

Pourquoi avez-vous évacué le civisme ?

Vos prédécesseurs ont fait une grave erreur en construisant les polyvalentes dans les années soixante et soixante-dix. Non pas que l'idée de la formation professionnelle fût contraire aux besoins de l'époque, non non non... Les idées, dans les années soixante, ce n'est pas ce qui manquait. Disons que ça volait même très haut. Mais les polyvalentes, ainsi que la culture parallèle qu'elles ont créée, ont tué l'école. Les idéologues de la grande réforme ont décollé il y a une quinzaine d'années, et après, ils ont laissé l'école piquer du nez toute seule.

Le boeing a plongé il y a quinze ans, mais ils viennent tout juste de s'en rendre compte, comme en témoigne l'avant-propos du rapport d'étape des États généraux (publié récemment dans *La Presse*) : « Cet édifice construit avec audace et détermination, il y a trente ans, dont nous étions si fiers, a subi l'épreuve du temps. Sans doute avons-nous, en cours de route, négligé des choses importantes, voire élémentaires[2]. » Ça, c'est le discours officiel. Il faut bien sûr entendre : « Ah ben regarde donc ça, nos jeunes ne savent plus écrire… ils ne savent rien, ils n'ont pas de culture, c'est donc d'valeur… »

Maintenant, les bonzes de la rue de la Chevrotière à Québec réagissent : ils font des États généraux sur l'Éducation.

Quand l'opinion publique s'agite et réclame des changements, quand tous les médias s'accordent pour crucifier l'école secondaire, quand l'ignorance béate de notre jeunesse nous fouette la face à grands coups de Claire Lamarche et de Jean-Luc Mongrain, quand les universités se voient forcées d'imposer des examens d'entrée en français, quand quand quand quand quand, à ce moment-là, mais à ce moment-là seulement, c'est-à-dire quand ils sentent que l'eau est bouillante et que leur intégrité est menacée, quand ils voient que les autres provinces font des compressions dans la fonction publique et qu'ils pensent à leur chalet, à leur condo, à leur tondeuse à quatre vitesses, alors là seulement ils se remuent enfin. Et pas à moitié.

Ils font un gros spectacle, assez gros pour que tout le monde voie comme il faut. À la télé. Dans les journaux. À la radio. *Partout*. Et aux frais du peuple. Le monde de l'éducation est en effervescence, bonnes gens ! Il réforme ; oyez oyez, accourez de partout, et venez nous dire ce qui ne va pas dans nos écoles, que nous y remédiiiiiions tout de suite !

Le joli subjonctif… Qu'ils *perlent* don ben.

Bravo. Alors là, bravo. Ils sont seulement

une vingtaine d'années en retard. Bravo. Déjà, quand j'étais élève au secondaire, il me semblait qu'il y avait quelque chose de pourri au Royaume du Québec. La véritable formation ne faisait pas partie du système. C'était en 1980. Dans les programmes, on avait déjà complètement évacué l'effort et la pensée au profit du vécu et du jeu.

C'était déjà l'époque du « parle-moi un peu de comment que c'est qu'on se sent, toi, par rapport qu'est-ce qu'il a dit, lui »…

Tel était le fin mot du gourou, du grand Lama, que sais-je du pape de « l'éducation » : l'Américain et ses foutues découvertes en pédagogie moderne. Et on nous a déconstipés pour arriver à mieux nous faire gober ces prétendues découvertes. On a fait de nous des incultes monstrueux, et les seuls parmi nous, la génération dite « sacrifiée », qui s'en soient sortis plus ou moins indemnes, ce sont ceux qui avaient des parents derrière eux ou qui se sont eux-mêmes injecté de la curiosité plein les veines.

Et maintenant, ils font leurs États généraux : et ils voudraient qu'on y accorde foi ?

Drôlement culottés. Ils voudraient que nous, les rescapés de cette école pourrie, nous qui avons lutté comme des cochons pour nous instruire *nous-mêmes*, pour maîtriser cette langue superbe dont on a évacué la beauté – entendre, la littérature –, nous qui nous faisons régulièrement taper dessus par cette génération privilégiée par l'histoire sous prétexte que nous sommes des ignares qui ne veulent rien savoir, nous qu'on traite de barbares, ils voudraient que nous, qui frappons le mur du chômage quotidiennement, qui avons *leur* dette à rembourser, nous à qui ils attribuent parfois sans vergogne le déclin de notre civilisation, ils voudraient que *nous, nous y croyüüüons, à leurs États généraux ?*

J'ai trente ans et je sacre mon camp de ce cirque institué voilà trois décennies.

Et je sais pertinemment que ce que j'écris là est le reflet de la pensée d'une vaste majorité de jeunes Québécois : en classe, j'ai toujours tenu un discours semblable à celui de ce livre, et mes élèves y ont vibré d'une sincérité totalement dépourvue de complaisance. Je sais donc que mon message est le leur, alors voilà pourquoi je n'hésite pas à me faire leur porte-parole quand je dis : faites ce que vous voulez de vos réformes et de vos États généraux, nous n'y croyons pas.

Et sachez que ce n'est pas uniquement en réaction que plusieurs, comme moi, se bouchent les oreilles : c'est par écœurement. Écœurement des interminables répétitions de cette mauvaise pièce, plagiat des pires scénarios de l'histoire de l'éducation au Québec. Texte médiocre, acteurs faux, décors de carton-pâte, musique de métro.

Il y a quelques semaines, on a applaudi l'avant-propos du premier rapport d'étape des États généraux en soulignant sa clarté et sa concision. Bravo. En effet, si on le compare aux quelque *1 500 pages* de son grand frère le rapport Parent, on souffle, on respire, on se dit : tant mieux, ils ne vont pas nous refaire le coup. Ô la belle jambe que ça nous fait ! Je regrette, mais ce qu'on nous a présenté n'est rien de moins qu'une grosse coquille vide. Quand une phrase clé d'un texte important sonne aussi creux que : « L'école doit instruire, mais on ne peut être véritablement instruit si on reste inculte[3] », il y a tout lieu de croire que l'exercice sera aussi futile que prétentieux. Relisez-la deux ou trois fois, chers lecteurs, vous allez voir, c'est renversant : en fait, on appelle cela un truisme, voire une tautologie.

Pour ma part, j'ai eu trois réactions successives à la lecture de cette phrase : 1. une grande confusion « dedans ma tête » (genre : c'est-tu moi l'épais ou ben eux ?) ; 2. un gros éclat de rire (quand j'ai compris qui étaient les épais) ; 3. je me suis rappelé cette divine phrase de Woody Allen : « L'argent est très utile aux pauvres, si ce n'est que pour des raisons financières. »

Dans cet « audacieux » avant-propos, la lumière se fait enfin sur le secret bien gardé du succès scolaire. Observez la puissance herculéenne du raisonnement suivant : « [...] il n'y a pas d'apprentissage sans étude, et la réussite des études dépend pour une bonne part du temps qu'on y consacre[4]. » Ah ?... tiens donc... et moi qui croyais que ça dépendait strictement de l'alignement des planètes !

Plus ça change, plus c'est pareil. Comparons.

1. Sur le rôle de l'école dans la société :

États généraux, 1996 : « L'éducation n'est pas un poste budgétaire comme les autres. C'est le cœur d'un projet de société, un levier pour relancer le développement économique, social et culturel[5]. »

Rapport Parent, 1963 : « On voit que les progrès de la science et de la technique et de l'évolution socio-économique qui en a résulté confèrent à l'éducation une importance toujours plus grande et constituent de fait le fondement de la société moderne[6]. »

2. Sur la culture :

États généraux : « […] notre école oublie trop souvent qu'elle œuvre dans l'univers de la culture. Nous voulons dire par là que les disciplines scolaires n'y sont pas suffisamment enseignées dans une perspective de formation culturelle[7]*. »

*Merci, on avait compris.

Rapport Parent : « On voit maintenant les premières années de l'enseignement secondaire comme une période d'approfondissement de la culture générale[8]. »

3. Sur les exigences :
États généraux : « Notre école n'est pas assez exigeante[9]. »

Rapport Parent : « [...] on ne sera jamais trop exigeant à l'endroit des enseignants [...][10]. »

5. Sur l'étude :

États généraux : « [...] l'étude et le travail sont des tâches que l'élève accomplit sur lui-même. Par ce travail, il s'instruit, il se développe, il se forme. C'est pourquoi il n'y a pas d'apprentissage sans étude [...][11]. »

Rapport Parent : « Il faut rappeler que l'étude impose une zone de silence et de retraite dans la vie de celui qui la pratique ; elle exige de longues heures de concentration et de réflexion. Le mûrissement de l'intelligence [...] ne peut se réaliser sans un minimum de solitude[12]. »

États généraux (rapport d'étape) : 462 heures d'entretiens dans toute la province. Source de financement : fonds publics.

Rapport Parent : 41 jours d'entretiens dans huit villes de la province. Source de financement : fonds publics.

Tide et Tide amélioré : la même formule... et toujours la même incapacité à faire disparaître les taches tenaces !

Néanmoins, il ressort un commentaire intéressant de ce dédale d'inanités. Évidemment, il ne vient pas des « spécialistes » et des « intervenants », mais des élèves : « [...] donnez-nous des professeurs compétents, passionnés, ayant le sens de l'humour[13]. »

Il aurait été tellement plus simple, plus efficace et plus économique de s'inspirer, par exemple, du système en vigueur au Danemark... Ô que non. (C'eût été dangereux.) Vous voulez savoir pourquoi on a lancé les États généraux, une opération onéreuse dont le succès est loin d'être assuré, alors que le modèle danois semble offrir l'essentiel des réponses que nous cherchons ? Simple : ç'aurait mis en péril des milliers de fonctionnaires (inutiles) du MEQ. Car au Danemark (dont la population étudiante est comparable à la nôtre), le ministère de l'Éducation compte dix fois moins de fonctionnaires qu'ici, et beaucoup plus de profs ! Selon un rapport de la CEQ (1993), au Danemark, « l'autonomie de l'école s'avère très grande [...] puisque le ministère de l'Éducation compte une centaine de fonctionnaires et qu'au niveau municipal on dénombre, pour Copenhague par exemple, une dizaine de fonctionnaires pour 450 enseignants (en moyenne)[14]. » Qui plus est, le nombre d'élèves par classe est de 20 à 22, un chiffre nettement inférieur au nôtre.

Résultats de cette décentralisation ?

1. Très peu de décrochage. « Le phénomène de l'abandon scolaire est jugé marginal au Danemark, puisque 90 % des élèves poursuivent des études après l'école de base[15]. » À titre de comparaison, dans la seule région de Montréal ce pourcentage est de 40 %.

2. En raison de l'importance qu'on accorde à l'autonomie professionnelle, les enseignants

deviennent les principaux maîtres d'œuvre de l'éducation danoise : « L'autonomie professionnelle paraît comme un fait à ce point reconnu qu'on n'a jamais jugé bon de la définir et d'en prévoir les éléments à la convention collective[16]. »

Serait-ce que nos cousins les Vikings auraient appris à respirer par le nez ? Contrairement à nous, auraient-ils compris que quand la cloche sonne, le petit fonctionnaire de la capitale ne peut pas grand-chose pour l'éducation des jeunes, tandis que le prof, lui…

Messieurs dames du MEQ, malgré le constat de *votre* échec, vous persistez à parler de compressions dans les budgets des photocopies pour les profs, de hausse du nombre d'élèves par classe, d'augmentation des heures d'enseignement, etc. Et vous avec le culot de penser que les jeunes profs seront intéressés à faire de leur carrière une vocation ? J'espère vivement que l'ensemble des professeurs du secondaire n'acceptera jamais de plier devant vos absurdités. Naturellement, vous allez les faire passer pour des vilains marxistes-léninistes qui refusent d'accepter la nouvelle réalité de l'espace économique québécois, et bla bla bla bla bla bla. Erreur : c'est vous qui planez, messieurs dames. Vous planez dans les limbes de votre confort blindé. Je vais vous le dire, moi, quel serait le premier remède de cheval à administrer à notre système d'éducation :

COUPER RADICALEMENT DANS LE PERSONNEL DU MEQ !

Et remettre une large part du pouvoir décisionnel et de gestion *aux professeurs,* qui ont clairement exprimé aux États généraux leur sentiment d'impuissance devant la « machine ». Ce que nous devrions réclamer en tant que société, c'est carrément le hachoir au 1035, rue de la Chevrotière à Québec. La guillotine pour les réformes et États généraux de tout acabit qui s'en viennent.

« L'école doit instruire, mais on ne peut être véritablement instruit si on reste inculte[17] », dit donc en substance ce cher avant-propos des États généraux sur l'éducation. Autrement dit, l'instruction dépend largement de la culture. Bravo. Vraiment, là, bravo. Devant tant de lucidité, inclinons-nous.

Dans ce cas, expliquez-moi donc pourquoi le nouveau programme de français n'enterre toujours pas l'approche « communicative » tant décriée depuis une dizaine d'années ? Et pourquoi la littérature, l'analyse littéraire et la dissertation sont-elles toujours les grandes perdantes des réformes ? On parle de culture, culture, culture, culture, culture : ah oui, la culture, c'est drôlement à la mode ces temps-ci dans le verbiage des autorités de l'éducation québécoise. D'ailleurs, si on inventait un « Scrabble de l'école secondaire », je parierais fort que le mot culture compterait parmi les plus payants. Pourtant, ces nouveaux programmes – comme les anciens – ne dépasseront jamais les trois premières lettres de « culture ». Bien sûr, on nous rétorquera que dorénavant, les élèves devront lire quatre romans par année (comparativement à aucun dans l'ancien programme): *big deal* ! Ce n'est qu'un vœu pieux, parce que : a) ça ne suffit pas ; b) il n'y a aucun contrôle ministériel à la fin de l'année ; donc c) les profs et les élèves qui voudront éluder la consigne pourront le faire sans aucun problème. Il y a plus absurde encore : en secondaire un et deux, il est fortement recommandé aux profs de s'en tenir aux romans dits « contemporains », donc de ne piger que parmi les œuvres récentes. C'est dire qu'avant la troisième secondaire, il faut éviter de faire voyager nos élèves à travers des siècles et des siècles de littérature. Quoi ? Et ce n'est pas ce qu'on appelle « la culture du vécu », ça ? Et cette culture du vécu, n'a-t-elle pas amplement fait la démonstration de son retentissant échec depuis des lunes et des lunes ? Avant quatorze ans donc, pas de La Fontaine, pas de Jules Verne, pas d'Arsène Lupin. Il faut faire très attention, très très attention : tout à un coup que nos tout-petits attraperaient un peu de culture au passage… et tout à coup qu'ils développeraient leur capacité d'abstraction ! Ou la la, le vertige…

Continuez d'en faire des épais, messieurs dames du MEQ. C'est ça, votre conception de la culture. Vous gueulez culture depuis qu'on vous montre du doigt à cause de l'inculture des jeunes, pourtant vous frémissez dès qu'on prononce le mot « littérature ». Vous n'avez pas encore compris que la lecture des classiques, l'analyse littéraire et la dissertation (explicative et argumentative) couvrent à eux seuls l'essentiel de ce que tous les « discours » de vos « programmes » peuvent couvrir… et en pas mal plus formateur, et en pas mal plus intéressant aussi.

La dernière découverte des grands penseurs du MEQ en français, c'est que souvent, aux examens, les élèves ne comprennent pas la formulation des questions. Alors – posologie –, ils ont décidé d'imposer au programme de troisième secondaire le discours explicatif ! « En étudiant le discours explicatif, ils vont bien finir par comprendre les explications ! » se sont-ils sans doute exclamés dans un de leurs sublimes éclairs de génie. Eh bien, je suis désolé de les ramener sur la terre des vaches, mais le principal « effet » du discours explicatif sur les élèves, ce sera l'effet somnifère. Déjà qu'ils se tapent les discours ludique, informatif, expressif, argumentatif… et on leur imposerait aussi le discours laxatif ?

Pourquoi n'ont-ils pas le courage d'imposer à l'examen de français de fin d'année une dissertation qui porterait sur une des quatre œuvres étudiées ? Ils ne le feront pas parce qu'ils savent très bien que cela impliquerait qu'on *étudie* les œuvres. Et dans leur tête, la littérature est encore bien trop secondaire, bien trop « élitiste », bien trop « française-la-bouche-en-cul-de-poule » pour qu'on se mette à l'étudier. Faire lire les élèves – peu importe quoi –, c'est déjà *ben en masse,* pensent-ils. Ou peut-être est-ce parce qu'ils savent que leur corps professoral n'a pas la formation requise ?

Quand on leur dit que les élèves des collèges français de Montréal, dont Stanislas par exemple, font de l'analyse littéraire et des dissertations dès secondaire un – et, ô curieuse coïncidence, qu'ils sont très forts en français –, ils répondent que la clientèle de ces écoles-là provient de familles francophiles particulièrement favorisées, etc. *So what ?* Est-ce que ça marche ou ça ne marche pas ? À choisir entre un programme qui a prouvé son efficacité et un programme que tous s'entendent à crucifier depuis une dizaine d'années, me semble que...

Tout à l'heure, je faisais référence à la grosse bourde qu'on a commise il y a trente ans en construisant les polyvalentes. Je disais que ce n'était pas nécessairement l'orientation générale de ces polyvalentes qui clochait. Non, je le répète, c'est en les *construisant* qu'on a oublié l'essentiel : on a construit des horreurs.

Neuf fois sur dix, les écoles construites depuis 1965 sont des horreurs, des scandales d'architecture, des choses froides, impersonnelles, « fonctionnelles ». Bref, des choses sans âme, à cause encore une fois des conclusions des « trippeux » du rapport Parent, qui prenaient plaisir à s'improviser grands philosophes de l'architecture : « Le bâtiment scolaire est un instrument au service d'un programme d'études. Continuer à concevoir la construction scolaire comme autrefois, c'est supposer que les programmes d'études ne se sont pas transformés ou qu'ils n'ont connu que de légers changements qui ne remettent pas en cause l'aménagement de l'école. L'aménagement de l'école relève de la conception qu'on se fait de l'enseignement, il témoigne des progrès ou des retards de la pédagogie qu'on y applique. C'est la pédagogie qui doit déterminer le plan d'une école[18] […]. »

Mais qu'est-ce que c'est que cette salade ? Voir si la pédagogie moderne est à ce point capricieuse qu'elle ne peut entrer que dans des édifices spécialement – et philosophiquement – conçus pour elle ! C'est dire à quel point nous souffrons, au Québec, d'une *à-plat-ventrite* aiguë devant la « pédagogie moderne » ! Je regrette, mais une salle de classe ne sera jamais qu'une salle de classe. À l'exception des divers laboratoires et installations sportives, je ne vois pas ce qui distingue profondément les édifices scolaires « modernes » de ceux d'autrefois. Pour s'en convaincre, on n'a qu'à constater avec quelle facilité on a adapté les vieux édifices – couvents, séminaires, collèges classiques – aux besoins de notre pseudo « modernité ».

Près de chez moi, on a construit une polyvalente bleue sans fenêtres. Un immense ciel d'été sans coups de vent. Vous ne pouvez pas imaginer la mélancolie d'un élève privé de regarder par la fenêtre en rêvant à son évasion prochaine.

On voulait être « démocratique » en ouvrant les écoles à tout le monde. Ce fut une erreur : tout le monde n'a pas sa place à l'école secondaire, n'en déplaise aux grands chercheurs tant adulés. C'est un leurre épouvantable. Mais bon, admettons qu'effectivement il était temps de « désélitiser » un peu le système. Soit. Fallait-il pour autant construire ces horreurs dans lesquelles les élèves passent plus de sept heures par jour ?

En plus de les faire laides, on les a faites trop grosses. Une école ne devrait jamais accueillir plus de sept ou huit cents élèves. Au-delà de ce nombre, ça devient une industrie. (Il y a d'ailleurs une commission scolaire qui s'appelle Commission scolaire de l'Industrie. Fallait y penser.)

Ceux qui sont aujourd'hui au pouvoir au MEQ ont eu eu la chance de profiter des toutes dernières années de véritable formation scolaire au Québec, dans les années cinquante et soixante, c'est-à-dire avant que la plaie ne s'uniformise. Ils se sont ensuite faufilés dans la vie de la même façon qu'au ministère de l'Éducation et dans la fonction publique en général : avec l'effronterie et la toute-puissance de leur génération. Ils étaient nombreux, très nombreux, écrasants même par leur nombre, et ils ont éclos en plein cœur des années de grands changements. Ils ont récolté les fruits des réformes pensées et mises de l'avant par leurs prédécesseurs, et s'apprêtent maintenant à refiler aux jeunes la facture de leurs dépenses folichonnes. Et nous, les jeunes, vous croyez que nous nous laisserions faire par ces bébés gâtés mégalomanes et matérialistes qui refusent d'assumer leur part de responsabilité de l'échec scolaire québécois ? qui coupent dans l'éducation *sans d'abord se couper eux-mêmes* ?

C'est leur dernier « cadeau », leur chant du cygne avant la retraite dorée. Eh bien, moi, j'ai une vie à vivre, et je sacre mon camp. Ils ne m'auront pas dans leur cirque. Je fais exactement comme 40 % des élèves de la région métropolitaine : *drop-out*. Ils perdent un bon prof. Et ils vont en perdre d'autres.

Quand je les entends dire en coulisse, à propos des jeunes, que « c'est donc effrayant comme ils n'ont plus d'idéal, plus de culture, les jeunes d'aujourd'hui », il me prend une furieuse envie de passer la moissonneuse-batteuse sur leurs corps huileux de *baby-luckyers* suffisants. Qu'ils cessent donc de mépriser les jeunes qui n'ont plus d'idéal, et qu'ils encouragent plutôt ceux qui en ont encore. Croyez-moi, ceux-là sont beaucoup plus nombreux qu'on pense et ils méritent toute notre admiration. Conserver ses idéaux en 1996, c'est autrement plus compliqué qu'en 1970. Autrefois, c'était le *flower power* et l'abondance. Le plus grand traumatisme que ces *baby-luckyers* aient connu, ce fut octobre 70. Voilà un coup de vent à côté de la tornade où grandissent les jeunes d'aujourd'hui : chômage, bien-être social, drogues dures, violence, sida, menace nucléaire, destruction de l'environnement, prostitution juvénile, familles éclatées…

Alors après tous ces constats, messieurs dames du MEQ, vous souhaiteriez toujours que nous croyions à vos États généraux et à vos réformes ?

Récemment, *L'actualité* nous a présenté un directeur de commission scolaire peu banal, qui a eu l'audace de faire le ménage dans sa petite fonction publique locale : « Jean-François Lelièvre a déplacé ou « démissionné » 37 cadres sur 40 ! Le tout sans grief ni effusion de sang. Il admet toutefois avoir contourné les règlements[19]… »

Et les résultats de l'opération, si l'on en croit le reportage, sont plus que probants… Dites donc, monsieur Lelièvre, ça ne vous tenterait pas, par hasard, le poste de ministre de l'Éducation ? Juste le temps de faire au MEQ ce que vous avez fait dans votre commission scolaire… Un peu d'action, me semble que ça nous changerait des rapports, des réformes, des États généraux, des…

Le journaliste Jacques Dufresne serait certainement un de vos plus farouches défenseurs, lui qui affirmait le 10 février dernier dans le journal *Les Affaires* : « [...] nous devrions avoir assez de bon sens et de cohérence, d'abord pour mettre un terme à la gabegie des commissions et des États généraux, ensuite pour délester le ministère de l'Éducation de 95 % de ses effectifs, rendus inutiles par la démission de la société civile[20]. »

Au revoir,
jeunes fripons

Au début, on te trouvait pas mal
« spécial » comme prof ; mais maintenant,
on se rend compte que c'est avec toi qu'on
a le plus appris. En fait, tu nous as appris
la plus importante des matières : la VIE !
Carte d'adieu d'une
de mes dernières classes

J'ai un ami qui est missionnaire en Haïti. Il
ne vit que par et pour l'amour. Il en a même
concocté une jolie définition que j'aimerais
bien vous transmettre : « Aimer, c'est accepter
d'être dérangé dans ses habitudes. »

Effectivement, pendant cinq ans, mes élèves
m'ont dérangé dans mes habitudes. Et je les ai
passablement bousculés aussi, n'en doutez pas.
Ça explique sans doute la carte d'adieu. Et c'est
également la raison pour laquelle les élèves du
secondaire demeurent, un an après mon changement de cap, le seul regret qui persiste.

En lisant le rapport Parent, un détail m'a singulièrement frappé : cette fixation qu'ils faisaient, à l'époque, sur ce qu'ils appelaient indécemment « la vérité ». « Recherche de la vérité », « le respect de la vérité », « triomphe de la vérité »… En se gargarisant de mots et d'idéaux, ces gens-là ont oublié qu'il n'est aucune vérité possible en dehors de l'amour. Et pendant trente ans, ils ont mis sur pied une école froide, impersonnelle, où de nombreuses « vérités » furent recherchées, honorées, vénérées… sans pour autant que l'élève se sente aimé.

Ministère, universités, écoles privées, commissions scolaires, profs, directeurs, parents, élèves : si vous voulez vous éviter une grosse déception, mettez vos espoirs et votre énergie ailleurs que dans les États généraux. Au point où nous en sommes, il n'est qu'une seule façon de redresser notre école secondaire : c'est en s'attaquant aux mentalités. Ceux qui seront chargés de « penser » l'école de demain devront surtout accepter d'être dérangés dans leurs habitudes, et ne pas se gêner à leur tour pour déranger la société. Autrement dit, les endormis qui se gargarisent de théories pédagogiques absconses et de recherches américaines « révolutionnaires » devront se réveiller, ou bien céder leur place. Notre seule « vérité » actuelle est de réhumaniser l'école : et pour ce faire, nous avons besoin de vitalité, de sensibilité et de grande compétence.

Cela dit, je n'aimerais pas qu'on referme ce

livre en croyant que je prône un retour au cours classique d'autrefois ; de toute façon, je suis trop jeune pour faire l'apologie du cours classique. Mon but n'est pas de promouvoir un « système », mais plutôt de pourfendre l'attitude erronée avec laquelle j'ai eu à composer comme prof pendant cinq ans, et qui m'a finalement contraint à battre en retraite. Je me sentais responsable : il me semblait que je devais expliquer pourquoi, à vingt-neuf ans, j'ai choisi de me déclarer prof *drop-out*.

J'irai désormais rouler ma petite bosse ailleurs, probablement au cégep – dont le cadre moins étouffant me conviendra davantage. J'ai bon espoir que le cégep saura reconnaître en moi un véritable professionnel de l'enseignement du français, et non un simple exécutant de programmes comme ce fut le cas au secondaire. Mais peu importe où je me retrouverai, et quelles que soient les circonstances, jamais je n'accepterai qu'on réduise l'école au rôle d'institution froide et banale.

Voilà pourquoi, avant de tourner cette page, je tenais tant à dire au revoir à mes jeunes fripons d'ex-élèves.

Au fait, l'auteur de la phrase sur la carte d'adieu… vous la connaissez, du moins un peu : c'est la « voix ».

Notes

Chapitre 1 • La discipline : talon d'Achille du secteur public

1. *Rapport Parent*, tome II, livre 2, p. 142.
2. *Ibid.*, p. 142.
3. *Ibid.*, p. 142.
4. *Loi sur l'instruction publique*, p. 3.
5. *Ibid.*, p. 52.
6. « Le directeur délinquant », Louise Gendron, *L'actualité*, 1er septembre 1995, p. 18.
7. *Ibid.*, p. 19.
8. *Ibid.*, p. 19.
9. *Rapport Parent*, tome II, livre 2, p. 128.
10. *Ibid.*, p. 142.
11. *Ibid.*, p. 152.
12. *Ibid.*, p. 142.
13. *Rapport Parent,* tome II, livre 3, p. 6.
14. *Ibid.*, p. 6.

Chapitre 3 • Parents *drop-in* et *drop-out* : envahissants

1. « École d'abord, boulot ensuite », Marie-Claude Ducas, *L'actualité*, 5 novembre 1995, p. 60.

Chapitre 4 • Les élèves : petits rois déchus

1. *Rapport Parent*, tome III, livre 5, p. 248.
2. « École d'abord, boulot ensuite », Marie-Claude Ducas, *L'actualité*, 15 novembre 1995, p. 59.
3. *Ibid.*, p. 59.
4. « L'école : nous n'y croyons pas, cessons d'être hypocrites ! », Jacques Dufresne, *Les Affaires,* 10 février 1995.

Chapitre 5 • Les profs : faux artisans de liberté

1. *Rapport Parent*, tome II, livre 3, p. 6.
2. *Ibid.,* tome II, livre 2, p. 15.
3. *Ibid.,* tome I, livre 1, p. 83.

Chapitre 7 • Les sciences de l'éducation : antichambre de l'incompétence

1. « Les anges gardiens des jeunes profs », Sylvie Halpern, *L'actualité*, 15 décembre 1995, p. 50.
2. *Rapport Parent*, tome II, livre 2, p. 17.

Chapitre 8 • L'école privée : tentation d'abus de pouvoir

1. « L'imposture d'Origène », Pierre Foglia, *La Presse,* juin 1991.

Chapitre 9 • Le ministère de l'Éducation : panthéon de la bêtise

1. *Rapport Parent*, tome I, livre 1, p. 63.
2. Avant-propos du rapport d'étape de la Commission des États généraux, *La Presse*, 1er février 1996, cahier B, p. 3.
3. *Ibid.*
4. *Ibid.*

5. Avant-propos du rapport d'étape de la Commission des États généraux, *La Presse*, 1er février 1996, cahier B, p. 3.

6. *Rapport Parent*, tome I, livre 1, p. 70.

7. Avant-propos du rapport d'étape de la Commission des États généraux, *La Presse*, 1er février 1996, cahier B, p. 3.

8. *Rapport Parent*, tome II, livre 2, p. 13.

9. Avant-propos du rapport d'étape de la Commission des États généraux, *La Presse*, 1er février 1996, cahier B, p. 3.

10. *Rapport Parent*, tome II, livre 2, p. 13.

11. Avant-propos du rapport d'étape de la Commission des États généraux, *La Presse*, 1er février 1996, cahier B, p. 3.

12. *Rapport Parent*, tome III, livre 5, p. 237.

13. Avant-propos du rapport d'étape de la Commission des États généraux, *La Presse*, 1er février 1996, cahier B, p. 3.

14. *Rapport de la mission C.E.Q. sur l'organisation du travail en éducation*, p. 9.

15. *Ibid.*, p. 10.

16. *Ibid.*, p. 11.

17. Avant-propos du rapport d'étape de la Commission des États généraux, *La Presse,* 1er février 1996, cahier B, p. 3.

18. *Rapport Parent*, tome II, livre 3, p. 338.

19. « Le directeur délinquant », Louise Gendron, *L'actualité*, 1er septembre 1995, p. 17.

20. « L'école : nous n'y croyons pas, cessons d'être hypocrites ! », Jacques Dufresne, *Les Affaires*, 10 février 1996.

Table des matières

Mise en pages et typographie :
Les Éditions du Boréal

Achevé d'imprimer en avril 1996
sur les presses de AGMV,
à Cap-Saint-Ignace (Québec)